ABBA — Life can be...
(ABBA — Avantgarde des Normalen)
GÖRD KAA & SASA MERTS
Herausgeber: Mertens & Mertens
Mit Beiträgen von: Dietrich Kuhlbrodt
Alfred Hütter
Walter Gramming
Mertens & Mertens

**Dieses
Buch
ist ein
Replikat
der längst
vergriffenen
Originalausgabe
von 1984**

INHALTSVERZEICHNIS

- VORGESCHICHTE 6
- TAKE A CHANCE 14
- DIE GESCHICHTE 16
  - Begegnungen mit Außerirdischen 18
  - Normal people 21
  - Abba-Religion/Church of Art 22
- THE STORY BEHIND REALITY
  (Message, Information, Spuren) 24
  - Ring ring 26
  - Waterloo 29
  - SOS, Boomerang 33
  - Arrival 37
  - The Album 40
  - Voulez vous? 45
  - Super trouper 49
  - ABBA – the visitors 53
- ABBA - ART 58
  - Idole – Abba Altar 60
  - Loveland – life could be funny,
    happy & sunny 61
  - Fancy free – Storyboard 68
  - I believe in angels 71
  - The way old friends do 75
  - Soldiers 78
  - I let the music speak 80
  - The visitors 82

CHURCH OF ART – COA	84
ABBA, ODER DER VERSUCH ZU SEIN WIE GOTT	88
DIE ZUKUNFT GEHÖRT DEN NORMALEN (Ein Popfeuilleton)	91
DAS UNNORMALE IN DER NORMALITÄT – Eine Bündnisstrategie	96
I DON'T CARE WHAT COMES TOMORROW Eine Art Nachwort	106
PERSONALIEN	108

Dieses Buch ist ein Replikat der Originalausgabe von 1984
veröffentlicht durch X-Stars Edition Hamburg.
Alle Seiten sind vom Original abfotografiert.
Es erschien ebenso als Beitrag im Buch „Idole"
Band 8 - „Treffpunkt im Nirgendwo" , unter dem Titel
ABBA: Die Besucher oder: Vom Irrsinn der Normalität
als Ullstein Sachbuch Nr. 36529, Ullstein Verlag
Herausgeber: Siegfried Schmidt-Joos

Bibliografische Information der Deutschen Nationalbibliothek:

Die Deutsche Nationalbibliothek verzeichnet diese Publikation
in der deutschen Nationalbibliografie; detaillierte bibliografische
Daten sind im Internet unter www.dnb.de abrufbar

© 2014 Pramesh Gerhard Kunz / Sabine Mertens
Herausgeber: Pramesh Gerhard Kunz

Herstellung und Verlag:
BoD - Books on Demand, Norderstedt

ISBN: 978-3-7347-3892-0

Intro 2014

mmer wieder tauchte das ABBA Buch, wie ich es liebevoll nenne, in meinem Leben auf. Viel Wasser ist in den Flüssen des Lebens zwischenzeitlich geflossen. Der Fluss bleibt nie der Gleiche, auch ich habe mich verändert und weiter entwickelt, so kann das Leben sein - „Life can be...."
Es ist mir eine Herzensangelegenheit, dieses Buch wieder allen, die sich dafür interessieren, und allen, die sich für diese legendäre Pop Formation ABBA begeistern, zugänglich zu machen. Vielleicht ist manches davon sogar aktueller denn je - aus heutiger Sicht...

Pramesh Gerhard Kunz, aka Görd Kaa

„Die Hauptthese des Buches ist die: ABBA sind Außerirdische,
Sie sind auf die Erde gekommen, um eine Avantgarde des Normalen
zu bilden... Da gibt es also eine originelle These,
die witzig und sogar schlüssig belegt wird,
ein gelungener Ansatz
für eine neue deutsche Literatur."
(Der Wiener)

„...Erst Mitte der Achtzigerjahre wurden ABBA
von der Kunst entdeckt.
Zeugnis hiervon legt das Buch von Görd Kaa und Sasa Merts
mit dem Titel ‚Life can be ...' ab: ein Ritterschlag für die Gruppe
aus Berliner Kunststudentenperspektive.
Das Werk aus der X-Stars-Edition ist längst vergriffen."
(aus Abbalogie / taz.de)

Hier ist es also wieder........30 Jahre danach....

VORGESCHICHTE

Euro-Supermarkt. Berlin-West. Sommer 81. Beim Einkaufswagenfahren durch die bunten Regale tönt ABBA-Musik vom Band — ohne daß ich weiß, daß das ABBA ist; summe ein Lied in Gedanken mit, sehe in der Schallplattenabteilung ein LP-Cover, sehe Menschen, die in meinen Augen fremd erscheinen, etwas älter, normaler, durchschnittlicher? Vage ablehnende Gedanken.
Später, mit vollen Tüten beim Italiener in der Pizzeria Europa, die gleichen Klänge, diesmal gesungen, bessere Qualität . . . Erinnerungen, Zusammenhänge — Radio, ja — Super Trouper lights are gonna blind me, find me.
Einige Tage darauf wieder die gleiche Melodie im Radio, Stereo und laut. Hohe musikalische Qualität, der Körper beginnt gegen den Willen mitzuwippen, noch ist es ein Hinhören voller Widersprüche, ein kritischer Genuß. Wer sind diese und die Normalen, wie ist ihre Musik?
Diskothek im Europa-Center, Verkleidung mit Hemd und Pulli und Jean, swinging to the music. Da: If you change your mind, I'm the first in line . . . . Take a Chance On Me . . . Ich merke, daß ich einige ABBA-Hits kenne, ohne sie je bewußt gehört zu haben.
Im Atelier rollt eine aufblasbare Weltkugel am Boden, Kinder und Erwachsene spielen damit auf gleiche Weise, für Kinder ist es mehr Ball mit fremden Mustern und Farbaufteilungen . . . . Sie kommen aus einer anderen Welt und kennen die Bedeutung dieses Farbcodes noch nicht. Weiter Ausblick aus den Fenstern über den Potsdamer Platz, ein Stück DDR, auch im Radio dieses anderen Staates ABBA-Music. Grenzüberwindende Musik und Sprache! Die gleiche Begeisterung der Moderatoren wie in AFN-Radio. Am Flohmarkt kann ich die ersten Fan-Postkarten und ein Poster von einem Kind kaufen;

Kinder mögen ABBA und ABBA mögen die Kinder ... I Believe In Angels — singen die Kinder im Chor, auf der LP die ich jetzt schon bis zu zehnmal am Tage auflege. Meine Begeisterung für die Musik und die Texte steigt mit jedem mal mehr. I Believe In ABBA!

Es entsteht das erste Grundkonzept zum Thema ABBA. Ausgehend von einer Idee, zu viert eine Gruppe zu gründen, äußerlich ähnlich den beiden schwedischen Ehepaaren, und experimentelle Musik, ähnlich wie auf unserer „TON DZD" Cassette zu machen. Und ausgehend von den ABBA-Fanpictures (Postkarten mit Portraits der Gruppe), ebensolche Fan-pictures zu malen, Fan-Post zu verfassen, wie sie in Bravo steht und PR-Fotos mit unseren Konterfeien zu imitieren. Und eine Musikkassette zu produzieren. Ausgeweitet auf Froschungs- und Spurenarbeit — ABBA im Alltag, ABBA-Mode. Diese ganzen Ideen waren noch von Kritik und Ironie, Satire überschattet — mit zunehmender Begeisterung für ABBA und der damit einhergehenden Selbstverwandlung, wurden diese Pläne revidiert. Der Wunsch nach Verwandlung blieb bestehen.

Ein Experiment begann: Wie weit würde ich kommen, wohin würde ich gehen, was würde passieren, wenn ich pausenlos ABBA-Musik höre und mich ständig mit dem Ideal ABBA beschäftige? Auch entwickelte sich der Wunsch, ABBA zu begegnen, — wie, wo, warum und was dabei geschehen sollte, war noch nicht klar — Contact — hieß dieser Punkt des Concepts.

Es entstanden die ersten gemalten Bilder, „The Winner Takes It All" — „I believe In Angels". Hohe musikalische Qualität, toller Gesang — Pathos. Teilweise aber Texte zu banalen Problemen, die ein Künstler gar nicht erst zu kennen hat; auch wäre die Beschäftigung damit unter jedem Niveau; wenn schon Beschäftigung damit, dann in Form einer distanzierten Auseinandersetzung, eines Herabsteigens der höheren Kunst auf die Ebene des POPulären. Mit vielen inneren Stimmen galt es zu kämpfen, doch ABBA's Stimmen siegten.

Plötzlich erahnte ich, daß hinter diesem POP mehr existiert, als es den Anschein hat. Eine geheime Botschaft vielleicht? Hatte diese Musik eine wichtigere Funktion, als nur der reinen Unterhaltung zu dienen? Verschiedene Aussagen purzelten teilweise mit philosophischem Gehalt zwischen lockerem Singsang und ernstem Gesang. — Ich wollte weiterforschen.
Das erste Lied mit einer Botschaft (Message), die mir auffiel war „Tropical Loveland"*, es hieß da: „Life can be funny, happy & sunny!". „I believe in angels, something good in everything I see", klingt es fast andächtig in „I Have A Dream"*. Der fast provozierende Klang dieser Wahrheiten wird noch durch die Aussage verstärkt, daß es ein Traum sein könnte (auch der vom eigenen Ziel), der einem manchmal durch die Realität hilft, durch die Finsternis . . . . und dann singen noch Kinder, die Verkörperung von Zukunft, ebenso ernst und andächtig mit im Positivchor. Wer sind die Engel, die Wesen von einer anderen Welt und Sphäre, personifizierte fremde Energien. Es sind Guru-Botschaften, ohne Bombast und Brimborium, simple Selbstbedienungsphilosophien, nimm sie oder nicht Take a chance on me — take it or leave it. Ich wollte die Chance wahr nehmen:
Eine Zeit mit wenig Chancen und keiner Zukunft — no future, begann sich zu wandeln. „I changed my hairstyle so very often" bekannten die Talking Heads, und die kurzgeschorenen Haare wuchsen wieder, der Haarstil wurde „normaler". Die nahezu magische Anziehungskraft der Normalen setzte ein . . . . It's magic!
Das bedeutete aber nicht, daß ich nur mehr mit ABBA-Scheuklappen umher lief, nein, es sollte ein Project, Work — sein, es gab auch Freizeit. Die Auseinandersetzung mit Grenzen und deren Überwindung liegt in Berlin in der Luft, bei diesem enormen Medienspannungsfeld, jeder Art von POP im Radio, in englisch-amerikanisch-französisch-deutsch-deutsch. Oh Superman von Laurie Anderson wurde ein POP-Song, wer hätte das gedacht! Es dauerte kaum ein halbes Jahr, um vom

insider-tip nach inside the mass-media zu kommen. Art goes POP. Zur gleichen Zeit entstand auch in unserem künstlerischen Umfeld die Idee, Kunst zu popularisieren, teilweise mit den Methoden der freien Marktwirtschaft, mit weniger commerz vielleicht, aber mit ähnlichen Mitteln und Erscheinungsformen — auf fotokopiertem Briefpapier entstanden Künstlerfirmen, Büros, Trusts und Corporations, während Edelavantgardisten und Arte Povera-Verehrer noch etwas verunsichert waren. Am quadratmetergroßen Wandkalender war es November geworden.

Residents besangen das Ideal Coca-Cola auf der „Eskimo"LP, ABBA jedoch waren Coca-Cola, erkannten wir eines nachts zusammen mit Gustav Hamos, der damals am Commercial-Video zur Musik der Residents arbeitete. Der Kommerz sollte zur Kunst kommen, das schien keine Frage mehr, höchstens eine der Zeit — Geld macht Spaß — „Money Money, must be funny — in a rich mans world" — so der ABBA-Chor — erst recht für einen Künstler, der am Anfang kontinuierlicher Kreativität fast nie welches hat . . . ob das wirklich so heer ist, wie die Professors in den Kunstdruckmagazinen und die Anzugmänners im Fernsehen vor den Monitorwänden behaupten? Immer weniger Künstler schließen sich diesem Hungertrend an. Musiker habens nie so richtig getan. So schenkte ich meine volle künstlerische Aufmerksamkeit Musikern, sogenannten avantgardistischen, aber vor allem auch kommerziell erfolgreichen Pop-Musikern und Gruppen. Neben ABBA-Bildern entstanden eine Reihe anderer Musik-Malerein von Bolero/Ravel über Phillip Glass zu Soft Cell. Über allem aber ABBA . . . Thank you for the music!

Die anfangs persönlich gehortete Kriegsangst schillerte bald bunt in den Medien. Bei ABBA fand ich sie in Fernando* & Soldiers* ausgedrückt . . . . auch eine gewisse Sehnsucht nach Rettung. Woher sollte die kommen? Vielleicht von außerhalb dieser Welt — in den Texten von ABBA entdeckte ich nach und nach diesen Aspekt . . . . They came flying from far away, now I'm under their spell – They've seen places beyond my land, they've found new horizons, they speak strangely but I understand – (Eagle*) ...

Als ich begann, Zeremonien der ABBA-POP-Kultur nachzustellen, mit gelb gefärbten Haaren sang, das Mikrofon in der Hand, vor einem großen Angels-Bild, wurde mir klar, daß es nicht die reale ABBA-Musik war, nach der ich suchte, sondern etwas geheimes dahinter. Der Identitätswechsel faszinierte mich umso mehr, je mehr die meisten Leute ihren im Sinne der New Wave vollzogen, die wir schon zwei Jahre zuvor mit unseren Plastiklöffeln gegessen hatten, als aber diese Leute beim Anblick unserer weißen Neonwände noch igitt schrien. Die Flohmarkt-Hippies hatten sich in Flohmarkt-Punks verwandelt und ich stapfte mit normalem, längerem, korrekt frisiertem Haar und Blazer durch den Dreck. Soho Constructa (jetzt Sasa Merts) mit Ponyfrisur und Lodenmantel wurde jetzt von Punks rigide beäugt, vielleicht von den gleichen, die uns 79 aus ihren Hippiekneipen rausekelten, weil wir damals „Punks" waren – „I was a Punk before you were a Punk" – sangen uns damals schon Musiker vor, deren Namen ich heute vergessen haben will. Whats the Name of this game?

Auch bei ABBA entdeckte ich viele verschiedene Identitäten und Verkleidungen. Mannigfaltige Kostüme, die eigentlich immer wie Kleidung wirkten. Durch ständige Veränderung werden viele Menschen angesprochen, niemand beleidigt. Eine außerirdische Aufgabe?

Umfassende Verbreitung nicht nur durch Musik, Sprache, Texte, Erscheinungsform, Aussehen. Genauer – verschiedenste Stile werden zu einem ABBA-Sound gemischt, die Weltsprache Englisch wird für die geheimen Botschaften verwendet, viele Typen von Menschen werden mit der Kleidung und dem Auftreten in unterschiedlichen Rahmen dargestellt und auch angesprochen. Als Ehepaare und später als gut miteinander auskommende Freunde können ihnen nur alle Sympathien entgegenströmen.

Es erscheint die Visitors-LP mit dem Titelsong über die Besucher von draußen — für mich wird alles klarer im Sinne der Außerirdischen-These. Meine fast missionarische Tätigkeit im Bekanntenkreis setze ich fort, im März wird im „KAA-KUNST-CONSTRUCTA 81 - Jahrbuch" zum ersten Mal das ABBA-Project in geringer Auflage publiziert. Die Bilder werden ständig erweitert, der ABBA-Altar erfunden, gefunden. Die erste Übersicht über das Project hat so ausgesehen:

ABBA-PHILOSOPHIE: Aus den Texten eine Philosophie entwickeln, eine Lebens-Philosophie im Sinne von: Life can (could) be funny, happy & sunny. Vielleicht auch historisch-philosophische Zusammenhänge aufdecken. Dazu sollten junge Philosophen angeregt werden.

ABBA-SPRACHE: Aus den Texten der Lieder eine eigene Sprache entwickeln, ihren Gebrauch usw. aufzeigen.

ABBA-LOVE: Dieser Punkt wurde später in den ersten integriert. Die Idee, manchen Texten einen sexuellen Charakter zuzuschreiben, ließ sich bei intensiverer Auseinandersetzung nicht mehr vertreten. LOVE als metaphysisches Phänomen hat bei ABBA weit mehr Anwendung als in Form eines erotischen Phänomens.

ABBA-RELIGION: Im Sinne der Definition und der Bedeutung des Wortes — Lehre, aber genauso auch Glaube. Aus der Art der Auftritte in Fotos, Filmen und Videos, die als Kultgesänge und Kulttänze erscheinen, entwickelte sich später der Aufruf zur Gründung einer ABBA-Religion. (In der Zwischenzeit scheint die Zeit in der Kunst reif zu sein für Religionsgründungen, denn die Ära der Kunst-Firmen geht zu Ende . . .) Kunst- und Religionsfreiheit! Kunstfirmen können nicht vollwertig frei im Sinne von Kunstfreiheit agieren. Es können Mißverständnisse entstehen. Natürlich auch bei einer Religion, aber da würden sie viel reizvoller zu lösen sein, da ein gewisses Geheimnis immer aufrecht erhalten werden kann. Man kann eine Galerie oder ein Museum mit einer Stätte des

Glaubens, einer Religion, experimentelle Musik oder Musik mit okkulten Gesängen, Performances mit Riten vergleichen; und in der bildenden Kunst gibt es das ideale Bild ebenso wenig, wie in der Religion das ideale Abbild Gottes.

ABBA-ILLUSION: Der ursprüngliche Begriff der Illusion als Trugbild wurde später revidiert und durch Einbildung, Spekulation, Vorstellung, Theorie und Fiktion ersetzt. Das alles mit dem Risiko der Irrealität. Im negativsten Sinne und unter moralischem Aspekt ist Illusion gleichzusetzen mit Lüge, doch das ist nicht Thema dieser Untersuchung, wenn auch anfangs viel skeptischer Kritizismus unter diesem Aspekt intendiert war, z.B. in Bezug auf Musik-Bizz, Rummel um die Stars, Medientrugbild usw. Jedoch in gewissem Sinne ist sogar jeder Dokumentarfilm ein Trugbild; erstens, weil er auf synthetischem Material, eben Film, gezeigt wird, zweitens, weil gewisse Dinge in gewisse Zusammenhänge gebracht werden. Jeder politisch engagierte Liedermacher oder sozialkritische Songwriter ist Produzent einer Schimäre für seine Sache, oder die Sache einer bestimmten Gesellschaftsgruppe. In diesem Fall für die Gruppe ABBA, bzw. für die Sache dahinter. Für die bildende Kunst heißt das in diesem Zusammenhang: ein Abbild machen, in Form von Bildern und Objekten.

THE STORY BEHIND REALITY — THE SECRET MESSAGE & MISSION: Es gibt die Wahrheit, daß ABBA Popstars sind und Pop- oder Rock-Musik machen, den ABBA-Sound. Basta. Dann sind sie noch Idole für viele Menschen und stehen in realen Zusammenhängen wie: Herkunft, Schweden, Produktionsfirma Polar-Music usw. Die Annahme einer „Story behind . . ." führt zu einem interessanten Spiel — Whats the Name of the Game?

CONTACT: Das mag der schwierigste Punkt sein. Das ideale Ziel ist eine persönliche Begegnung mit ABBA. Dabei soll ein Geschenk überreicht werden (Bildoriginal) sowie Gespräche stattfinden. Ein Experiment mit der Unnahbarkeit von Stars. Der Begriff Contact taucht einerseits im Zusammenhang der

Pop-Sprache von Teeniemagazinen auf (Brief-Contact), andererseits in der Science-Fiction-Sprache, wo als Contact die direkte Begegnung mit Außerirdischen bezeichnet wird.

PUBLIC-RELATION: Personen über das gesamte Projekt informieren. Bis jetzt habe ich ca. 80-100 Personen, Institutionen und Gruppen angesprochen oder angeschrieben — ihnen wurde ABBA-Musik vorgespielt, unter dem gesamten Aspekt erläutert, oder die ganze Geschichte erzählt oder sie erhielten die erste Projektbeschreibung. Es waren Künstler darunter, aber auch Nichtkünstler. Ein Drittel der „missionarischen" Tätigkeit war meist erfolgreich im Sinne einer Bekehrung: vom ABBA gegenüber ironischen Musikkenner oder -Genießer zum beinahe-Fan. Auch die Verbreitung durch verschiedene Medien wurde geplant.

QUELLENREGISTER: Quellen sind fast ausschließlich die Texte und die Musik gewesen — „I let the music speak"*. Und natürlich die Quellen und Zeichen, die ja einem Künstler üblicherweise begegnen ...

Diese Gliederung war im groben das Raster, nach dem ich bei meiner laufenden Arbeit vorgegangen bin. Nach anfänglicher wohlwollender Skepsis schaltete sich Sasa Merts Schritt für Schritt ein und unterstützte das Projekt bald mit Begeisterung.

                               Görd Kaa   Mai 1982, Berlin

TAKE A CHANCE

Life can be – ist der Titel zu einem schier unendlichen Prozeß. Der Künstler auf der dauernden Suche nach der anderen Identität, oder die Verheißung für diejenigen, deren Alltag zum Trott geworden ist.
Wir entdeckten die Faszination am Normalen, Unscheinbaren und nahmen die Chance zur Verwandlung wahr, um die message zu finden. Daß wir in der pop music fündig wurden, ist kein Zufall, denn sie ist ein kreativer Grenzbereich zwischen Kunst und Unterhaltung. Sie hat ein vereinendes Element. Pop music scheint für die Kunst zu sein, was der Cosmos für die Politik ist – Grenzen auflösend, zukunftweisend.
Wir zogen uns zurück, beobachteten, nahmen alles auf, vereinten das scheinbar banale mit tiefen Entdeckungen. Dabei gingen wir entlang von ABBA vorgegebenen Aussagen, fügten nicht nur zusammen, sondern fanden im Banalen die Tiefe. Life can be . . .
Die Verwandlung führte uns zum Teil in die Zwänge des Alltags, mitten unter die unauffällige Masse. Wir unterwarfen uns für die ABBA-Forschung der visuell-akustischen, architektonischen und emotionalen Organisation des heutigen Alltags, der, ganz rational betrachtet, auch in den ABBA-Liedern besungen wird. Aber wir fanden auch die von ABBA vermittelten Ausgänge, setzten die message direkt vom Text und der Musik her in Bilder um.
Die in den Liedern angedeutete Realität hinter dem Sichtbaren wurde als message immer deutlicher und von Görd Kaa als Botschaft für die Zukunft in eine umfassende Geschichte um ABBA gedeutet. Nach anfänglicher Zurückhaltung stieg auch ich sehr schnell fasziniert in dieses Abenteuer ein. Der Hinweis auf die Existenz einer cosmischen Realität wurde zum eigentlichen Phänomen. ABBA konnte alle auftauchen-

den Fragen beantworten. ABBA erwies sich als so umfassend wie eine Bibel.
Um die cosmopolitische Idee zu vervollständigen, zelebrierten wir im Jänner 1984 die Church of Art.
Nähert sich Kunst Pop, so ist das aufzufassen als ein wertvoller Schritt zur Aufhebung von Grenzen zwischen den Disziplinen, ebenso wie das cosmopolitische Denken eine weltpolitische Notwendigkeit wäre.
Wie man bei ABBA grundsätzlich durch das Oberflächliche zum tieferen Sinn kommt, so mußte ich persönlich auch viele alte Vorurteile überwinden, um diesen Prozeß, den ich aus nächster Nähe beobachten konnte, als Grenzüberschreitung wahrzunehmen. Hatte ich aber einmal die Entscheidung getroffen, mich dem Einfluß zu unterwerfen, begann eine der spannendsten Reisen, die ich bisher je unternommen hatte.
Erfahrungen kann man nur anraten, aber schwerlich einem Verschlossenen oder auf einer anderen Ebene existierenden vermitteln.
Deshalb ist alles, was uns übrig bleibt, der Vorschlag

Take a chance ... Life can be ...

Sasa Merts   Hamburg 1984

Die mit * gekennzeichneten Passagen sind die Titel der ABBA-Songs.

DIE GESCHICHTE

Es war so in etwa die Jahreswende 1981/82, überall schlug mir erstmal Unverständnis entgegen, Abba? Hihihi. Das mußte behutsam beiseite geräumt werden. Steinchen für Steinchen, Vorurteil über Vorurteil der einzelnen Leute. Das erforderte Geduld und teilweise Selbstverleugnung, was aber bei so viel Identitätswechsel nicht so schwierig war. Vorurteile hatte ich zu Beginn ja selbst genügend, kannte also deren Substanz.
ABBA war auch einer der spektakulärsten Punkte in dem bereits erwähnten „KAA-KUNST-CONSTRUCTA - 81 Jahrbuch". ABBA schien da völlig fehl am Platz zu sein, doch das sollte sich alles noch ändern. Im April erschien in der Szene-Zeitschrift CULT der Artikel „Art goes Pop — Pop goes Art" von Diedrich Diederichsen, in dem viele Sätze genau das Thema, mit dem ich mich beschäftigte, bezeichneten. Hier ein paar Zitate:
— Kunst ist Pop und umgekehrt . . .
— Es muß eine Menge Respektlosigkeit vor dem vermeintlich Trivialen abgebaut werden .... wir müssen von mit Tiefsinn verbundenen Illusionen von Wesentlichem und Wichtigem Abschied nehmen . . . .
Vieles was da stand war mir buchstäblich aus der Seele geschrieben und es gab der Arbeit einen Aufschwung; mehr Bilder und Objekte entstanden. Doch die persönliche Isolation nahm zu, das Ganze mußte erst noch reifen, bis es öffentlichkeitsfähig werden sollte. Entgegen meiner ursprünglichen Annahme erwies sich bei all dem die Toleranz der „Normalen" als wesentlich größer. Umgekehrt erfuhr ich um die hohe Intoleranz der Leute, die für sich seitens der Normalen Toleranz und Gehör beanspruchen.
Ich entdeckte eine Botschaft nach der anderen hinter den Texten und der Musik. In der Hoffnung auf einschneidende

Begegnungen verließ ich zusammen mit Sasa Merts Berlin und die vertraute örtliche Szene, um buchstäblich in den Wald zu gehen. Die Ruhe und Natur schien für die komplexere Erfassung der Außerirdischen-Thematik von hoher Wichtigkeit. Wir bereiteten uns auf die Begegnung mit UFOs vor, verfehlten sie jedoch immer knapp; also griff ich auf andere Contact-Arten zurück. „I let the Music speak"*, „Voices call out to me straight to my heart" und „The sounds awake me, I let them take me". — Am Ende der geografischen Reise stand schließlich das Tor zur Welt — Hamburg.

Als Erweiterung des Textverständnisses vom bloßen Hören fand ich alle Texte in dem Buch „ABBA: Take A Chance On Me — Songbook". Alle Entwicklungen sind darin chronologisch geordnet. Das ist ein wichtiger Aspekt, denn auch darin steckt eine gewisse Botschaft. Besondere Beachtung soll die Reihenfolge der drei letzten LPs finden: The Arrival (Die Ankunft), The Album, Voulez Vous (Willst Du), Super Trouper (Scheinwerfer), The Visitors (Die Besucher). Auch die Gestaltung der Covers ist von großer Wichtigkeit!

Die Visitors-LP bestätigt die Vermutung, daß die Gruppe unter dem Einfluß von Außerirdischen steht, wobei die Trennung von äußeren und inneren Stimmen nie exakt gezogen werden kann und im Zweifel immer zu ungunsten des Empfängers solcher Stimmen entschieden wird; ein klassisches Beispiel dafür ist Jeanne d'Arc, die sich vor dem Gericht auf Stimmen von Engeln beruft, die ihr ihr Handeln aufgetragen hätten; dafür mußte sie im 16. Jahrhundert brennen, um im 20. heilig gesprochen zu werden — von der gleichen Institution, der kath. Kirche. „If you want the truth they only spit in your eye." Auf diesem Hintergrund und den Erfahrungen, die die Geschichte lehrt, läßt sich erklären, warum es in den Abbatexten nur verschlüsselte Botschaften geben kann. Viel Hintergrundinformationen zum Thema Außerirdische liefert auch das Buch von Gottfried Herberts — „Begegnungen mit Außerirdischen — Freunde aus dem All helfen uns". Es ist als

Zusatzlektüre zur ABBA-Forschung sehr empfehlenswert. Im folgenden sind die mir wesentlich erscheinenden Gedanken aus diesem Buch kurz zusammengefaßt und mit anderen erweitert.

Begegnungen mit Außerirdischen

Im Zusammenhang mit Außerirdischen taucht immer die populäre Form des UFO's auf. Das unidentifizierte (oder unidentifizierbare) fliegende Objekt. Ein Engel wäre der Definition entsprechend genauso ein UFO, auch der „Fliegende Holländer".
UFO – Als Phänomen des Bewußtseins.
UFO – Erscheinung als Teil eines kosmischen Vorgangs.
UFO – Als psychologische Realität.
Ein UFO ist eine Realität, die Formen angenommen hat, deren materieller Ursprung sowohl auf der Erde als auch an irgendeinem anderen Platz im Universum sein könnte.
Unsere Wissenschaft rechnet längst mit der Existenz von intelligenten Lebewesen auf anderen Planeten, dies beweisen Kontaktversuche, teilweise in aller Stille, die sogar gemeinsam von USA und UdSSR betrieben werden.
Die Geheimdienste in aller Welt betreiben die UFO-Forschung weiter, obwohl es sie ja offiziell gar nicht gibt.
Die UFO's könnten auch in Wahrheit ein Alptraum sein; der Glaube an die eigene unerschütterliche Macht würde ins Wanken geraten, nähme man die Existenz anderer Wesen an. Er geriete aber noch viel mehr ins Wanken, wenn sich herausstellte, daß es außerirdische Mächte gibt, die uns unvorstellbar überlegen sind. Für jene, die irdische Macht in Händen halten, wäre das nicht annehmbar. Auch nicht für eine Wirtschaft, die durch neue Technik ihre Felle davonschwimmen sähe, die zudem durch tiefgreifende ethische Wandlung den Einsturz ihres eigenen Systems befürchten müßte. Die Menscheit erführe in diesem Augenblick, daß es außer Dollars noch etwas

anderes gibt, etwas, das die Ohnmacht weltumspannender Interessensverflechtungen bloßstellen könnte.

Wir verkörpern in unserem Normalbewußtsein nie die kosmische Lebensverbundenheit, und handeln auch nicht danach. Dadurch sind wir in der Lage, bis zu einem gewissen Grad in der Illusion zu verharren, eine geregelte Lebensweise mit der entsprechenden Interpretation der Welt praktizieren zu können, die ein Gefühl der Sicherheit vermittelt.

Wir müssen unser Bewußtsein dahingehend entwickeln, den Phänomenen UFO/Außerirdische/ABBA auf einer entsprechenden Bewußtseinsebene begegnen zu können. Tun wir das nicht, dann haben wir nur die Funktion eines Aufzeichnungsgerätes, ohne etwas zu verstehen, weil in unserem Bewußtsein diese Realität keinen Platz hat. Unser Bewußtsein müßte sich zu dieser Realität des unbekannten Konkreten ausdehnen.

Es gibt ein von kosmischer Liebe geprägtes Einssein des ganzen Bewußtseins mit sichtbaren und unsichtbaren Dingen. Materie, wie wir sie kennen, ist lediglich eine Seinsweise von etwas Unbenennbarem, das sich in diesem Fall als Materie ausdrückt.

Es besteht die Möglichkeit einer Abstufung von Welten mit verschiedenen Schwingungen der Materie, die bei entsprechender Bewußtwerdung zugänglich werden, bei gleichzeitiger Existenz der Allgegenwärtigkeit einer Energieform, die nicht an Zeit und Raum gebunden ist, sondern die ausschließlich im IST lebt.

Die sogenannte Einheitsfeldtheorie besagt: Es gibt nur eine Universalenergie, die in verschiedenen Formen und Schwingungen auftritt. Die Art der Wahrnehmung solcher Energien ist abhängig von der Art der Empfangsfähigkeit. Der Mensch ist fähig, lediglich eine geringe Bandbreite des kosmischen Energiespektrums wahrzunehmen. Unsere dreidimensionale Wirklichkeit kann eine kosmische Täuschung, ein Trugbild sein.

Das All läßt sich nicht in Details begreifen, sondern in seiner Einheit.

Die „Feinde" aus dem Kosmos sind in Wirklichkeit weit entwickelte Helfer der Evolution, die zusammenarbeiten mit den fortschrittlichen erleuchteten Tendenzen des Weltgeschehens, um uns den Weg in eine neue Welt zu weisen, die tatsächlich wissend ist und den seelisch reifen Menschen gehören wird.

Im kosmischen Maßstab hat nur das Fantastische eine Chance wahr zu sein.

Kontakte mit Außerirdischen vollziehen sich lautlos und unspektakulär. Sie nehmen nur Kontakt auf, wenn sie wollen und indem sie auf andere einwirken. Sie tun niemals etwas, wodurch die Kontaktperson zum Mittelpunkt irdischer Neugier wird.

„Jeder von euch ist uns unendlich wichtiger als für euch Erdenbewohner, weil ihr des wahren Geheimnisses eurer Existenz nicht bewußt seid." Das Geheimnis der Existenz wird im Augenblick der bewußten Identifikation mit der Seele bekannt. „Über euch können wir weit zurück in die Vergangenheit sehen und gewisse Einzelaspekte unserer früheren Welt wiederherstellen. Mit tiefem Mitgefühl und Verstehen sehen wir eure Welt auf dem Weg durch ihre Wachstumsschwierigkeiten."

„Es sind physische Wesen. Sie kommen von anderen Galaxien — sie sind uns gegenüber freundlich — sie nehmen nicht direkten Kontakt mit uns auf, weil die meisten Menschen nicht wissen, wie sie sich ihnen nähern, sie anschauen, mit ihnen reden sollen und weil sie selbst von den meisten Menschen nicht verstanden werden. Sie können uns auch nicht schlagartig dazu bringen, sie zu verstehen, weil das die Welt sofort verändern würde und das wollen sie nicht. — Sie reisen nicht mit dem Licht, sie reisen mit der Zeit. Sie kommen von 12 Planeten. Sie kämpfen nicht, es gibt auch keine Kriege. Sie sind uns um 2000 Erdenjahre voraus. Es leben Tausende von ihnen unter uns, unbemerkt. Büroangestellte, Stenotypisten, Geschäftsleute, Studenten, Dozenten, Mülltonnenfahrer", so ein Erdenmensch unter Hypnose nach seiner Begegnung mit einem UFO.

Telepathische Impulse werden auch zur Ideeneingabe im Schlaf benutzt ... Somnivision. Diese Impulse, die Menschen, ohne daß es ihnen bewußt wird, in eine bestimmte Richtung steuern, reisen auf der universellen Frequenz, die willentlich veränderbar ist und daher auf die individuelle Frequenz des Partners eingestellt werden kann.

Höhere Raumwesen sind darüber hinaus infolge ihrer Feinstofflichkeit fähig, in den Körper des anderen einzudringen und ihre Stimme wird unter Umgehung der Gehörsensoren sofort im Gehirn vernommen.

Tausende von Außerirdischen leben also unter uns, sie fallen höchstens durch ihre Liebe zum Mitmenschen auf.

Frieden, Harmonie und Glück sind die Zauberworte, die für das Leben auf anderen Planeten gelten.

Für die Zweifler und Ungläubigen hier ein Schopenhauer Zitat:

Jedes Problem durchläuft bis zu seiner Anerkennung drei Stufen — erstens erscheint es lächerlich, zweitens wird es bekämpft, und in der dritten Stufe gilt es als selbstverständlich ...

Normal people

ABBA's Texte stellen die Essenz der Gegenwart der Normalen dar. Unter „Normalen" verstehe ich Menschen, die irgendwelchen Arbeiten nachgehen, die abends fernsehen, am Wochenende in der Disco sind, die verheiratet sind, geschieden oder alleinstehend, Kinder haben oder keine, die Stars bewundern, selbst gerne Stars wären, aber es nicht versuchen, welche zu werden. Träumer, die sich in den Alltag fügen. Die treffendste Bezeichnung wäre: Leute / People eben. In den Texten finden sich die gesamte „Philosophie" der Normalen, ihre Geschichtssicht, die Sicht auf die Zukunft und ihre Wünsche und Utopien. ABBA sind ein Phänomen der Gegenwart, es würde, wenn es als Medium erkannt werden würde, die Menschheit einen gewaltigen Schritt nach vorne bringen. In ABBA's Texten wird eine positive Zukunft besungen, in der das Individuum den wichtigsten Platz hat.

„Oh, it's a tropical Loveland, I wanna share it with you!" Die Botschaften in dieser Art werden wahrscheinlich vorwiegend unbewußt und individuell zusammengesetzt. Eine intensive ABBA-Forschung und Verbreitung, eine ABBA-Religion (im weitesten Sinn) könnten dabei eine wichtige praktische Rolle spielen. Musik spricht alle Menschen an; je vielfältiger sie ist, desto mehr Menschen erreicht sie. Die Welt-Sprache Englisch ist für die Verbreitung der message eine gute Voraussetzung. Diskotheken der Zukunft sollen Kultstätten für diese neue Religion sein, ebenso Galerien und Museen. In diesen Zentren der message-Musik (es gibt außer ABBA noch viele Gruppen mit ähnlicher Zielsetzung . . .), soll getanzt und zelebriert werden. In und um diese Zentren würden ethisch hochstehende Gruppen wirken, in denen das Individuum vor der Gruppe zählt, was bisher bekannte Gruppenmechanismen nicht zulassen. Bei der Anrufung der Masse wird die Individualität nie verleugnet, sondern eher noch besonders hervorgehoben. Die Zukunft gehört vielen Individuen und keiner anonymen Masse — Crowd.

Abba-Religion / Church of art

Es steht schon fest, daß sich Millionen mit den Songs von ABBA identifizieren können. In den Songs werden auch immer Botschaften mitgegeben zur Verbesserung der jeweiligen Situation und der gegenwärtigen Situation der Menschheit an sich. Lösungsansätze, die aber oft erst in anderen Liedern weitergedacht sind.

„Ihre Lieder sprechen für sich, Text, Rhythmus und Melodie reißen mit, der vielseitige und doch unverwechselbare ‚ABBA-Sound' erzeugt ein schmerzliches Glücksgefühl, ohne das die Welt viel farbloser wäre", ist im ABBA-Buch – Take A Chance On Me zu lesen; und ein Kritiker schrieb in der FAZ: „ABBA ist ein ideales Gefäß für die persönlichen Wünsche eines Heeres von Tagträumern, die nicht an der ungeschminkten Wahrheit des Lebens und auch nicht an der geschminkten Wahrheit der Kunst interessiert sind, sondern an der Realität ihrer eigenen Phantasie."

Die eigene Phantasie aber ist doch eigentlich auch das andere Leben, das parallel zum wirklichen stattfindet. Dieses Leben steht der Kunst sehr nahe, es ist die Wahrheit der Phantasie.

Wir sind umgeben von hohen Worten, in der christlichen Tradition, in der Politik, in Kunst und Wissenschaft, die uns Grenzüberschreitung vormachen. Mit ABBA ist es aber möglich, wirkliche Grenzen zu überschreiten; ihre Musik und die Texte sind sozusagen universell, denn sie enthalten keine Urteile. „Take it or leave it." Sie sind undogmatisch, also grenzenlos.

In neuen Kulträumen soll den Botschaften der Kunst gefrönt werden, durch Lesungen, Choräle, Kulttänze der Freude, der Trauer, Laudatio an das Leben. AMEN – so sei es.

ABBA sind der Anfang.

Görd Kaa 1982

THE STORY BEHIND REALITY

Message / Information / Spuren

Es soll im folgenden der Weg zum Erkennen der geheimen Botschaft und zu der Erkenntnis der Geschichte hinter der Realität ABBA sowie ihre „Mission" aufgezeigt werden. Die Entdeckungsreise bewegt sich entlang der zeitlichen Reihenfolge des Erscheinens der Songs und LPs unter Berücksichtigung der Coverfotos; verschiedene Textfragmente und Liedpassagen bilden die Grundlage der Geschichte. Keine Berücksichtigung fanden dabei Public-Relation Artikel in Zeitschriften udgl., die das offizielle Erscheinungsbild der Gruppe ABBA herstellen. Wohl erwähnt werden Aspekte, die für weite Teile der Popkultur auch gültig sind. Grundsätzlich gilt aber, daß die Botschaften einer pop group hauptsächlich in den songs und Texten zum Ausdruck kommen. Pop music ist Märchenersatz und Religion. Mit ihr, in ihr und durch sie läßt sich alles Zeitgemäße ausdrücken; und was der Text nicht vermittelt, bringt die Musik über die Ohren an den Empfänger, millionenfach, wie der Name schon besagt. Populäre Musik dringt bis in die letzten Fasern des Körpers und der Seele, sie drückt wie kein anderes Medium Schicksale, Träume, Utopien heutiger Menschen aus. Gleichzeitig ist pop music so wandelbar, daß sie immer zeitgemäß, immer neu sein kann. Pop music ist der Spiegel der Zeit. Wenn wir in ihn hineinschauen, entdecken wir unsere Gegenwart, unsere Vergangenheit und, je nach der Intensität des Bemühens, auch unsere potentielle Zukunft. Setzt man verschiedene Spiegelbilder zusammen, erhält man ein gebrochenes, facettenreiches Gesamtbild. Abba an sich aber sind der größte Spiegel in einem Stück.

Ring ring

Auf der ersten ABBA-LP werden alle wichtigen messages und Informationen immer als klare statements abgegeben, wie „To live is to be free" (Another Town, Another Train*) oder „People need love, People need hope"*.Erzählt wird in der Ich-Form. Am Anfang von ABBA waren noch verschiedene LP-cover üblich, auch Titel waren unterschiedlich. In Schweden z.B. erschien diese erste LP unter dem Titel „Ring Ring", eine andere hieß „Honey Honey". Bei der einen saßen ABBA „normal"gekleidet auf einer „normalen"Wohnzimmer-Couch, die andere LP präsentierte ein spätpsychedelisches Foto, die ABBAs in Hippielederjacken mit Fransen, aber auf der Rückseite die hochschwangere Anni-Frid, die Herren im Anzug. Außerdem bestand der Name ABBA noch nicht. Die frühe Hymne „People need love"* endet mit der Bemerkung „isn't it easy to understand? — People need hope, people need lovin..." Die ABBA-message ist zu diesem Zeitpunkt überhaupt nicht leicht zu verstehen, weil im Vordergrund der Eindruck der Unterhaltungsmusikgruppe herrscht, die keine message hat, obwohl gerade zu der Zeit (1973) die Rockmusik voll davon war.

Das Thema Gebete kommt auf — „Lord give my restless soul a little patience" (Another town, another train*) — verbunden mit Geduld, die auch sehr oft in den Texten auftaucht. Dann noch die Aussage „We depend on one another" (He is your brother*), was eine der Grunderkenntnisse für das Leben auf der Erde ist. Die Lieder „Ring-Ring"* und „Honey-Honey"* hören sich an wie beschwörende Zauberformeln. Das Thema der miß nobody, nobody people, next door people, taucht sowohl in „I'm just a girl* — miß nobody is me..." als auch in „Nina, pretty ballerina"* auf. Nobody ist die Verkörperung des einfachen Menschen, der sich in den Alltag einer vorgegebenen Realität einfügt und dafür in der Freizeit ein Märchen erlebt, wenn die miss nobody „Königin der Tanzfläche" wird, mit der Verwandlungsfähigkeit der Märchenfantasie: „Just like cinderella". Fantasie soll Fantasie bleiben; deshalb wird die Anbetung von Stars gleich vorweg problematisiert: „Don't want to hurt you baby, don't want to make you cry, so stay on the ground girl, you better not get too high ...", damit zusammenhängend auch das ständige Reisen von Stars (Another town, another train*) und daß die Liebe, in der einen Hymne „people need love"* noch als Allgemeinrezept besungen, doch nicht so leicht ist (Love isn't easy*) und immer wieder der Geduld bedarf — „we gotta have patience...".

Was Mr. und Mrs. nobody beschäftigt, ist die Jagd nach den Schatten „chasing shadows" (Disillusion*) — das Wechselspiel von Illusion und Enttäuschung, und immer wieder die Existenz der Masse (crowd) — „a face among a million faces ..." (Nina pretty ballerina*). Ebenso die Suche nach einem Bezugspunkt, nach Rettung: „Somebody help me, somebody save me" (Rock'n roll Band*) (ABBA ist die Rock'n roll band). Durch die Liebe wird der einzelne spezieller — „She's just my kind of girl"*. Dadurch erscheint das Leben sinnvoll. „It's a beatiful place this world" (Rock'n roll band*).

Es ist dies eine LP der Einleitung, ein wesentlicher Schritt aus der Anonymität, noch dazu mit einem großen Hit. Die Mission, die geheime Botschaft ABBA's ist noch nicht sichtbar, bahnt sich aber den Weg über die Definition der Realität und die Haltung der Gruppe dazu. Als kosmische Kraft wird die Liebe vorgestellt. Die kennt jeder, jeder kann sie nachvollziehen, obwohl sie eine metaphysische Kraft darstellt. Dann werden Positionen abgesteckt, der Mensch in der Masse, im Alltag, die Möglichkeit, durch Liebe und durch Verwandlung aus dem üblichen Alltag herauszutreten, aber nicht in die Position des Stars, denn dieser Aufstieg ist problematisch: „The fun would go away, if she would play it everyday ... — stay on the ground ..." drücken das deutlich aus. Auch viele positive statements wie „It's a beautiful place this world" erleichtern den Glauben daran, daß die Alltagsprobleme liebenswert sein können.

ABBA kritisieren nicht; sie identifizieren sich mit der Position der Empfänger der Botschaften, wobei die letzte Frage auf dieser fast dramaturgisch aufgebauten LP ist: „What could I do? What could I do?" Damit ist die Systematik der Realität innerhalb eines Kulturkreises anerkannt. Man ergibt sich. Die ganze LP ist geprägt von der Metaphysik der Liebe und ihrer Philosophie. Die Themen beziehen sich auf den Zuhörer und sind darauf angelegt, ihm ein Stück näher zu kommen, indem man sich auf der gleichen Ebene begegnet. Entschlüsse und Entscheidungen sind noch nicht gefragt. Es geht erst einmal nur darum, eine bestimmte Realität zu konstatieren. Durch Gebete und die Huldigung an moderne Kulte, z.B. an den Tanz zum trostspendenden Rock'n Roll, der auch die Welt schön erscheinen läßt, wird die Bereitschaft aufgebaut, den Zustand des „Moving in a circle" in Frage zu stellen und durch „Changing" (Disillusion*) den Weg hinaus zu suchen. Wichtigstes Mittel zur internationalen Verbreitung der Botschaften ist die Flexibilität der Musik und das breite Spektrum der Elemente — auf einem Lied wird am Ende gejodelt, es gibt Massenjubelrufe wie in einem Fußballstadion (Nina Pretty Ballerina*), Rock & Disco wechseln mit folkloristischen Themen und Geschichten von Liebe und Eifersucht, Kinderspielen, Einsamkeit, verzehrender Liebe. Für jedes face among a million faces ist etwas dabei, von dem man sich angesprochen fühlen kann, wie das bei Pop Musik eben so ist.

Es ist natürlich auch eine LP der Entscheidung, welcher Weg gegangen werden soll. Die Werbestrategie muß sich erst beweisen, der einfache Name ABBA wird statt der komplizierten vier Einzelnamen zum Markenzeichen, und durch die Entscheidung, ausschließlich Englisch zu singen, wird die Verbreitung begonnen. Es wäre zu erforschen, was in dieser

Anfangsphase passierte. Es scheint klar, daß ABBA selbst von ihrer Mission nicht viel gewußt haben. Auch war es vielleicht eine Zeit des Selbstzweifelns — doch klar ist, daß die Entscheidung über den zu gehenden Weg zu dieser Zeit gefallen sein muß. „I just have to move along" (Another Train, another town*) — „On the road that we all are going" (He's your brother*).

Waterloo

Bei dieser zweiten LP wird vieles deutlicher. Auf einer Cover-Version ABBA verkleidet in historischen Gewändern, aber mit hochhackigen Stiefeln der damals neuen Zeit. Napoleon, mit dem Rücken zum Betrachter, sieht aus einem Fenster — die ganze Szene in einer Burg oder einem mittelalterlichen Schloß? Von draußen strahlt nur helles Licht nach Innen, nichts Genaues ist erkennbar.

Ein Kernsatz dieser LP ist: „We'll find a way to face a new tomorrow" (Hasta manana*).

Das Verständnis eines geschichtlichen, historischen Zusammenhangs kommt ins Spiel. War es bei der ersten LP nur individuelle Liebesgeschichte, so kommt jetzt die allgemeine Geschichte dazu. Gleichzeitig ihr (ewiger) Wiederholungseffekt — „The history book on the shelf is always repeating itself" (Waterloo*). Dazu noch Zitate wie — „If I had to do the same again, I would my friend..." (Fernando*) und „My love for you will live forever" (Hasta manana*).

Ein spezielles Schema wird sichtbar: wound – heal – scar, was sowohl auf Liebesgeschichten als auch auf Weltgeschichte anwendbar ist. Nach und nach kommt über das Außer-gewöhnliche schließlich auch die Ankündigung einer Botschaft ins Spiel. Zum Beispiel bei ,,Sitting in a palm tree"*, wo jemand auf einer Palme sitzt und die vorbeigehenden Leute mit Fingern auf ihn zeigen, wie auf Affen im Zoo – Er bleibt jedoch sitzen und singt zauberspruchartig: ,,winds blow stars glow. I see a light in her window. Dark trees soft breeze. Carry my message to her, please." Wie in Odyssee 2001 im Weltraum ist der Affe ein Botschaftsträger und Vermittler. Im ,,King Kong Song"* (und viel später noch einmal in ,,I'm a marionette"* – ,,just like King Kong") kommt der Affe als tragende Figur vor, die auch für jemand Ferngelenkten stehen könnte: ,,Well who can tell a monkey from a monkey?" – ist vielleicht ein Hinweis auf die Herkunft des Menschen? Aber noch soll nicht soweit vor- oder zurückgegriffen werden. Der Entstehungsprozeß eines Liedes (eines messageträgers also) wird genau besungen in diesem King Kong-Song. Man erfährt, daß die Inspiration zu dem Lied von einem Fernsehfilm ausgegangen war – Pop-Kultur pur. Reflexionen von einem Pop-Medium zum anderen. King Kong einerseits als Kunst-Figur einer Kultur, die sich gern amüsiert, um ihre Ursprünge zu vergessen, andererseits als cosmisches Wesen, das an der Realität scheitert. Der Wunsch nach dem Kontakt mit dem Cosmos drückt sich auch durch den einfachen Raumfahrer aus, den realen Menschen, der den Planeten Erde nur vorübergehend verläßt (What about Livingstone*). ABBA befinden sich in diesem Lied an einem Zeitungsstand und betreiben aufklärende Arbeit durch Gespräche über die Mondfahrer mit anderen Zeitungslesern. Sie ebnen den Weg zum Verständnis für Pionierleistungen im allgemeinen und die Raumfahrt im besonderen, auf der Basis des Vergleiches mit historischen Beispielen. Zukunft wird mit Vergangenheit verständlich gemacht. Ein Lehrbeispiel wie aus der Schule.

Tanz und Musik, besungen als kultisches Zeitüberwindungsritual, (vorher als Schmerzüberwindungsritual in „Rock'n roll band"*), sind auch Rituale, die die Zeit vergessen machen. („Dance while the music still goes on" . . . „don't think about tomorrow" . . . „forget our time is gone").

Eine über die alltäglichen Merkmale des Menschen hinausgehende Beschreibung findet sich in „Watch out"*: „You move like a flame of fire, your eyes like a flash of lightning". In „Hasta manana" wird angesprochen, daß der Mensch schon einmal schönere und angenehmere Zeiten verbracht haben muß: „Where is the spring and the summer, that once was yours and mine?" Die Liebe — forever and for eternity — als verlorener Schatz. Auf dieser LP verdichten sich einzelne Elemente der Botschaft. Wesentlich ist der schon erwähnte Aspekt der Zeitüberwindung sowie der Überwindung von Vergänglichkeit und Schicksalhaftigkeit. Die Voraussetzung dafür, im Leben eine positive Haltung zu entwickeln, ist die Anerkennung eines Sinns. ABBA bringen uns diesem Sinn näher: in „I'm gonna sing you my lovesong"* kommen Begriffe vor wie miracle und angel, an die man nur glauben muß, und deutliche Aussagen über die Mission von ABBA „Wanna bring you some light, gonna make you feel happy . . . everyday of your life . . ."

Engel sind in allen LPs von ABBA präsent und stellen auch ein immer wiederkehrendes religiöses Pop-Element dar, wie z.B. die Redewendung „you'r my first, you'r my last", wie Alpha und Omega im Christentum. Ebensolche religiösen Elemente sind Opferbereitschaft („Love Song"*): „gonna give myself", und der Wunsch nach harmonischem Zusammenleben in der Gemeinschaft. („Suzy hangaround"*): „Why can't we play together in harmony?"

Mit welchen Selbstzweifeln und Schwierigkeiten die menschliche Existenz verbunden ist, findet sich in dem song „Dance (while the music still goes on)"* ausgedrückt. „Was it just a dream, ev'rything we did, ev'rything we had? . . . Our love was a snowbird. It's flying away."

Als Erdenwesen muß man zwangsläufig mit der Vergänglichkeit leben, den Tod konfrontieren. Erst dann kann man sich anderen Zusammenhängen öffnen und über die sozialen Gegebenheiten hinauswachsen:

„how I wanna live my life, wanna live my life..." (My mama said"*), hier ein beschwörender Refrain gegen die Mutter.

Die immerwährende Präsenz fremder Kräfte (auch des Todes) wird schon in „Watch out"* angesprochen, „I'll be stayin' close behind you", und wird später in ähnlicher Form wiederholt: „I'm always behind you" („Tiger"*). Damit ist auch schon gesagt, daß man zwar solche außermenschlichen Energien leugnen kann, was aber nicht bedeutet, daß sie dadurch verschwinden.

Die Platte endet mit dem Song „Fernando"*, in dem der Kampf um Freiheit im geschichtlichen Aspekt eines persönlichen Lebens reflektiert wird. („Now we're old and grey Fernando ... if I had to do the same again I would my friend, Fernando"). Und die Sterne, unsere sichtbarsten Zeichen für die Existenz eines umgebenden Kosmos „they were shining there for you and me..., for liberty..."

Viele Themen werden in diesem Text angesprochen, so z.B. auch Jugend, Alter, Tod („we were young and full of life and none of us prepared to die"), Schmerz über erzwungenen Tod, Ewigkeit. Dieses Lied ist voller Hinweise und message-Fragmente; manches von den angesprochenen Themen kommt erst in späteren Liedern ausführlicher zur Geltung.

SOS, Boomerang

Auf einer Cover Version der nächsten LP sitzt die Gruppe in einem comfortablen Auto, abgeschirmt von Fans, die durch die schmalen Fenster hereinschauen. Ein Chaffeur ist im Foto angeschnitten, die Gruppe in Anzügen und Cocktailkleidern, Sektgläser in den Händen, gentlemen- and lady-like, sie haben es schon zu einigem Reichtum gebracht.

Reichtum wird schon im ersten Lied problematisiert („The man in the middle"*) und als etwas nicht erstrebenswertes dargestellt „Did you see the man with that fat cigar, he just left his lunch with a belly full of lobster and caviar". Es wird ganz klar, daß die Gruppe ABBA nicht zu dieser Sorte von Reichen gehört, denn sie identifizieren sich wieder mit der Masse: „He will drink champagne in his limousine, while the rest of us drinks a beer." Der reiche „man in the middle" ist arm, denn „he can buy most nearly anything, but he can't buy an honest friend".

Dadurch rückt die Position des Mittelpunktes, die die Gruppe ABBA selbst ja auch innehat, in den Hintergrund des Interesses. Durch die immer wieder auftauchende Identifikation mit den nobodies kann die Gruppe im Scheinwerferlicht stehend ihr Wissen verbreiten, ohne den Eindruck eines Dogmas zu vermitteln. Im weiteren wird immer noch, wie bei den vorangegangenen LPs, das Feld der Realität abgesteckt. In dem song „Hey hey Helen"* geht es wieder um alltägliche Probleme, um die Familie, die sich durch Trennung der Ehepartner aufgelöst hat, um eine nunmehr alleinstehende Frau mit Kindern, die alle zweifelnden Fragen bezüglich ihrer neuen Selbständigkeit besteht. „ ... is it worth the pain to see the children cry? Does it hurt when they ask for daddy? ... Can you make it alone? ... yes you can!" Einerseits sind steigende Scheidungsraten immer noch ein aktuelles Thema, ebenso wie die Selbständigkeit der Frau in der Gesellschaft, so daß dieser song im wenigsten eine Stellungnahme zu einem Gesellschaftsthema ist, andererseits nimmt er schon thematisch die Trennung der beiden Ehepaare vorweg. „ ... But you're right you had to take a second chance ..." „Take a chance"* kommt immer wieder vor und erscheint als Grundhaltung dem Leben gegenüber.

Durch den Status als singende Ehepaare haben ABBA zwar bisher die besten Voraussetzungen geschaffen, von einer weitgefächerten Zielgruppe bewundert zu werden, aber durch andauerndes relativieren von Aussagen und Darstellungsweisen schafft es die Gruppe erst wirklich, zur maximalen Indentifikationsfläche zu werden und ihren Verbreitungsgrad zu vergrößern.

Die Meinungen und Behauptungen über die Realität werden immer wieder durch Informationen über andere Energien und Wesen durchbrochen: „There's a fire within my soul". Auch Abschied als Thema tritt verstärkt auf und bleibt Bestandteil der message. („bye bye does not mean forever ... it's a game we play". „so long, see you honey" ...)

Ein richtungsweisendes Lied in Bezug auf die Notwendigkeit des Glaubens, sei es an Religion oder Liebe, ist „I've been waiting for you". (Ein Merkmal der secret message ist es, daß sie vielfach in harmlos erscheinenden Liebesliedern verpackt ist.)

„I've been waiting for you, you brought it back to me, that old feeling, I feel you belong to me, some day you will agree, please believe me, I've been waiting for you." Ein weiteres religiöses Moment ist das Warten auf die Erlösung oder auf die erlösende Erkenntnis, hier z.B. personifiziert durch den Liebespartner.

Der Deckmantel der secret message ist eben das metaphysische Gefühl der Liebe als einziges real nachvollziehbares Meta-Gefühl.

„I, I've been in love befor,
I thought I would no more
manage to hit the ceiling.
Still strange it seems to be
you brought it back to me
that old feeling.

I, I don't know what you do
you make me think that you
possibly could release me.
I think you'll be able to make all my dreams come true
and you ease me.
You thrill me, you delight me
you please me, you excite me,
you're something I'd been pleading for.
I love you, I adore you,
I'll have you want me more and more.

And finally it seems my lonely days are through
I've been waiting for you.
Oh, I've been waiting for you.
I, I'm gonna make you mine
you're gonna feel so fine,
you'll never want to leave me.
I feel you belong to me,
some day you will agree,
please believe me.

Das Lied beschreibt die Ekstase des religiösen Glaubens, die Erfüllung einer Erwartung, die den offenen Geist des Gläubigen voraussetzt. Die Kehrseite davon wird in „SOS"* angedeutet: „I tried to reach for you, but you have closed your mind."
Beide Stücke werden durch „I do, I do, I do, I do, I do"* noch einmal in Verbindung gebracht: Wie immer der Emp-

fänger der Botschaft sich auch zwischen Glauben oder Unglauben entscheidet, „love me or leave me, make your choice, but believe me, I love you — I do I do I do ...", er kann sich der selbstlosen Liebe sicher sein, wie sie auch von religiösen Menschen ausgeht. Die Liebesbotschaft überdauert auf jeden Fall den Empfänger, auch wenn er sich ihr verschließt und sie nicht erwidert. Diese Haltung allumfassender Liebe wird weiter ausgeführt in „Bong-a-boomerang"*, wo sie als gestalterische Systematik am Beispiel des Bumerangs noch deutlicher wird: „sweet sweet kisses so tender always will return to sender", und „love is a question of give and take ... Every feeling you're showing is a boomerang you're throwin'".

Das Bumerangthema ist schon einmal angesprochen in den vorausgehenden Liedern „He is your brother" und „Watch out". („ ... treat him well, he is your brother you might need his help one day. We depend on one another, love him that's the only way". und als Beispiel für negative Ausstrahlung: „I think you begin to hate me, but then you're a girl in danger."

Damit sind zwei Beispiele gegeben für den Gebrauch der zwischen Menschen wirkenden Kräfte. Diese Sicht auf die Welt als ein Beziehungssystem energetischen Austausches kommt sowohl in der Astrologie als auch in der Magie vor.

So erscheint dann auch folgerichtig in dem Lied „Rock me" der Begriff „magic" als Phänomen überirdischer Kräfte auf populärer Ebene. Wenn man an diesem Punkt zurückschaut „you can do magic", läßt sich der Aufbau der message und ihre Vermittlung in Form einer Pyramide rekonstruieren: Die unterste Schicht und zugleich die breiteste ist das weite Feld der Realität. Der mittlere Teil besteht aus den Anstrengungen, an der Realität zu zweifeln und sich über sie zu erheben, gleichzeitig geistige Ströme wahrzunehmen, die cosmische Verbindungen herstellen. Eines der wichtigsten früheren Informationslieder ist im Hinblick auf die spätere message „Tropical Loveland". Hier wird die Utopie beschrieben:

„ ... it's a tropical loveland ... over the rainbow, under the moon, that's where my land is" und der Kernsatz, den man sich für die Zukunft merken sollte: „Life can be funny, happy and sunny ..." (nicht etwa life could be, nein, hier ist die Gewißheit ausgedrückt, life can be ... I'll show you everything, the secrets that my paradise can bring.") Das ist die dritte Schicht der Pyramide, bis zur Spitze; die Pyramide ist die optimale Form für das Empfangen von Strahlungen aus dem Cosmos.

Arrival

Auf dem Cover sitzen ABBA in der Kuppel eines Hubschraubers, dessen Rotorblätter im Himmel verschwinden; sie tragen alle vier weiße Anzüge (Raumfahreranzüge?). Der Hubschrauber steht auf weitem Feld, in einer Glaskuppel mit Geräten und Schläuchen sitzen sie, als wären sie gerade gelandet...
An dieser Stelle ist in dem ABBA-Songbook die Frankfurter Allgemeine zitiert: „Früher zeichneten sich Schlager dadurch aus, daß sie benannten, was auch ohne sie bewußt war ... Seitdem der Schlager mit P wie Pop geschrieben wird, ist das alles ein bißchen raffinierter geworden. Da dringen die Botschaften über die Ohren ... eher als Puzzle-Teile ins Hirn, um dort vorwiegend unbewußt zusammengesetzt zu werden." !!!
Die LP beginnt mit dem Song „When I kissed the teacher"*, einer Ballade über die Jugendzeit. Menschen lieben es, Kindheits- und Jugenderlebnisse zu erzählen, denn sie haben fast immer ein Element erlernbarer Erfahrung. Wieder taucht der Begriff „chance" auf, in Verbindung mit „trance". „He was trying to explain the laws of geometry ...", einer Wissenschaft, die ja eine Grundlage für den technischen Fortschritt der Menschheit darstellt. Was basiert nicht alles auf geometrischen Gesetzen, die, in Verbindung mit anderen wissenschaftlichen Erkenntnissen, den Weg ins All öffnen!

Im nächsten Song taucht eine Bekannte aus einem früheren Stück wieder auf „Nina pretty Ballerina"*, in etwas befreiterer Form, jung, ungebunden, einfach die „Dancing Queen"*. Oder ist es vielleicht dieselbe Person, nur von einem anderen Standpunkt aus betrachtet? („Friday night and the lights are low ... you are the dancing queen"). Wir sehen in diesem Song nur die Königin einer einzigen Nacht, während in „Nina pretty Ballerina" die ganze Arbeitswoche eines „face among a million faces" beschrieben wird, das sich erst Freitagnacht verwandelt: „Friday evening she turns out to be: Nina pretty Ballerina, now she is the queen of the dancing floor ...".

Dieser Bezug zwischen den beiden Liedern ist ein Beispiel mehr dafür, daß der aufmerksame Zuhörer die Position eines Eingeweihten einnehmen kann, indem er die mehrere Lieder zurückliegende Vorgeschichte mit einbezieht („cause I know she's got a little secret").

Zumindest wird er die Botschaft und Verbindungen „unbewußt" zusammensetzen.

In „My love my life"* geht es wieder um Trennung (Abschied), aber „you are still my love and my life still my one and only". Eine Liebe mit Substanz überdauert ihr nach außen sichtbares Ende, der Mensch erscheint mehr in einem cosmischen Zusammenhang: „Like an image passing by ... in the mirror of your eyes" (Das Auge als Seelenspiegel). Auch wird wieder der Anspruch einer Liebesbeziehung herkömmlicher Art in Frage gestellt: „Was it a dream, a lie, like reflections of your mind? ... But I know I don't possess you. So go away. God bless you ..." Die Tendenz ist: Trennung ohne Vorwürfe, bedingungslose Liebe, quasi besitzlos und entmaterialisiert. In „That's me"* wird der Empfänger erstmalig vor dem Schritt enthusiastischer Identifikation mit dem von ABBA beschrittenen Weg gewarnt: „I may be an angel in disguise? It's lonely to be free ... Are you sure you wanna hear more? ... There's a special love like an eagle flying with a dove. I'll find it in the end if I keep on searching." Das Wichtigste an diesem

Song ist die Aufforderung, sich die Entscheidung (das Annehmen der Botschaft und öffnen für neue Existenzformen) nochmal genau zu überlegen. Es ist eine Warnung, denn nicht alle Menschen sind Auserwählte. Auch in „Tiger"* geht es um die angstvolleren Aspekte der Freiheit: „The city is a nightmare a horrible dream, some of us will dream it forever, look around the corner and try not to scream, it's me ... yellow eyes ... I am behind you ... look into the shadows and you'll see the shape of me." Eine Andeutung überrealer Kräfte, „I am behind you I always find you". Niemand kann sich über die Existenz solcher Kräfte hinwegsetzen. Aber dies sind nur Andeutungen, vorerst werden noch ausgiebig die negativen Seiten irdischer Existenz konstatiert: „The city is a prison you never escape you're forever trapped ..." Diese Sätze erinnern fast an die Behauptung, daß die Erde ein Strafplanet für unbelehrbare Seelen ist, die im Cosmos bisher nichts dazulernen wollten. Die Ängste eines unentschlossenen, von Überkräften überwältigt, im wahrsten Sinne des Wortes ver--rückt zu werden, sind im letzten Satz des Liedes ausgedrückt: „And if I meet you — what if I eat you?"

Die LP wird abgerundet mit weniger andeutungsreichen Songs wie „Money money"*, in dem es darum geht, daß Geld auch Spaß machen kann, und „Knowing you, knowing me"*, ein Abschiedslied, in dem die Notwendigkeit des Abschiednehmens einfach behauptet wird „Breaking up is never easy, I know but I have to go ... it's the best I can do".

Alles in allem verlangt diese LP die Entscheidung „love me or leave me, make your choice ..."; die Vorbereitungszeit auf die Botschaft ist vorbei, denn in den folgenden LPs kommt die Wende. In jedem einzelnen von uns schlummern Weisheit und ungeahnte Möglichkeiten! „But I think you don't know that I exist".

The Album

Das Cover von „ABBA — the Album" zeigt die Gruppe im damaligen Stil von Popillustrationen. Auf der Coverzeichnung kommen die in den Stücken besungenen Wesen graphisch vor (Eagle, Marionette).

Eagle

They came flyin' from far away
now I'm under their spell.
I love hearing the stories that they tell.
They've seen places beyond my land
and they've found new horizons.
They speak strangely but I understand
and I dream I'm an eagle,
and I dream I can spread my wings.

Flyin' high, high
I'm a bird in the sky
I'm an eagle that rides on the breeze.
High, high
what a feeling to fly
over mountains and forests and seas
and to go anywhere that I please.

as all good friends we talk all night
and we fly wing to wing.
I have questions and they know everything
there's no limit to what I feel
we climb higher and higher.
Am I dreaming or is it real,
is it true I'm an eagle,
is it true I can spread my wings?

Der Adler als König der Vögel ist machtvolles Fabel- und Wappentier und gilt als Symbol der Freiheit und Stärke. Dieser Text ist Beschreibung außerirdischer Wesen. („They came flyin' from far away ... they've seen places beyond my land...") So ähnlich klingen die Aussgen über UFOnauten auch. Das Fliegen als das Element der Freiheit und des uneingeschränkten Handelns, auch als erotischer Aspekt, und die Nacht als Schrecken und neue Chance zugleich, als Basis für Umorientierung, sind die stimmungsvolle Grundlage für die Begegnung mit Außerirdischen. Die Angst, Einsamkeit, Leere, Endlosigkeit der Nacht, aber auch die Freiheit, Ungezwungenheit, Lebendigkeit — die eigene Welt der Nacht und ihrer Lichter — bzw. Dunkelheit. Die letzten drei LPs bis Visitors zeigen alle auf den Cover-Fotos Situationen bei künstlichem Licht.

Der Männerchor, der in dem Stück „Take a chance on me"* den Refrain singt, hört sich suggestiv, fast beschwörend an, wobei die Freiheit der Entscheidung hervorgehoben wird, falls man seine Meinung ändern sollte . . . Etwas später im Song kommt noch ein „Come on ..." dazu, für die Zögernden. Die Chance wird auch mit ganz alltäglichen Angelegenheiten in Verbindung gebracht: Musikhören, Spazierengehen — ungefähr auf dem level von Teenager-Contact-Anzeigen — dazu aber mit dem Hinweis, daß die Chance auch Zauberei ist („it's magic"). — Es soll noch öfter bei ABBA von Zauberei oder Magie die Rede sein.

Auch der Begriff Geduld (hochgradig religiös) erscheint in abgewandelter Form wieder: „You can take your time, I'm in no hurry ... I know I'm gonna get you ..." ABBA stehen hier auf der Ebene von Wissenden, sie wissen mehr als ihre Zuhörer — vor allem deshalb, weil dieses Wissen auf schlichter Wahrheit beruht, die durch gewisse cosmische Gesetze diese und keine andere Wahrheit wird. Die Botschaft ist simpel und unkompliziert. Gleich im nächsten Song hört man wieder von der Chance — „One man, one woman"* — „One life to live together".

Aus dem konkreten Zusammenhang genommen und in den der kontinuierlichen message gebracht, ist es wieder eine Aussage darüber, daß man die Chance, dieses eine Leben, das man (zusammen) leben kann, nutzen soll und daß es sich lohnt. „One chance to take, that never comes back again" (One man, one woman*). Im laufenden Text kommen dann noch viele, in der philosophischen ABBA-Sprache immer wiederkehrende Begriffe vor: helpless, open window, where did our love go, cope, pain, suffering, changing-change, hope. — Über das ABBA-Thema hinaus sind das alles auch wichtige Elemente der generellen POP-Sprache, die eine für Massen alltägliche Situation widerspiegeln. „Daydreams of a better life...", aus der Sicht einer Frau in einem Haus sitzend, mit dem Blick auf die „Outside-World" — auch das eine typische ABBA-Situation. Nicht nur das Innen-Außen-Verhältnis im philosophischen Sinn aufzeigend, sondern auch konkret bildlich die home-Situation mit Fenster und Türen, an denen jemand klopft, oder die jemand zuschlägt.

Gleich darauf wird in „The name of the game"* die Frage nach den Spielregeln des Lebens aufgeworfen. „... so I wanna know — what's the name of the game".

Wie eine Antwort darauf:

Move On

„They say a restless body can hide a peaceful soul
voyager and settler they both have a distant goal.
If I explore the heaven or if I search inside
it really doesn't matter as long as I can tell myself
I've always tried.

Like a roller in the ocean life is motion, move on.
Like a wind that's always blowing life is flowing, move on.
Like the sunrise in the morning life is dawning, move on.
How I treasure every minute being part of being in it
with the urge to move on.

I've travelled every country. I've travelled in my mind,
it seems we're on a journey a trip through space and time,
and somewhere lies the answer to all the questions why
what makes the difference between all dead and living things,
the will to stay alive.
The morning breeze that ripples the surface of the sea,
the crying of the seagulls that hover over me.
I see it and I hear it, but how can I explain
the wonder of the moment to be alive and feel the sun
that follows every rain.

Like a roller in the ocean life is motion, move on ... Das Leben ist eine Reise durch Raum und Zeit. Wir werden aufgefordert, nicht stehen zu bleiben, denn der Rhythmus des Lebens ist ein Kreislauf. In „A hole in your soul"* wird „rock'n roll" als Rezept gegen Stillstand, als Antwort auf Probleme und als Erleichterung bei der Suche nach Lösungen angeboten. Im Sinne der Botschaft ist das klar, denn in den Liedern (the music) befinden sich ja auch die Lösungen. Das ist das Spiel, von dem so oft die Rede ist. Daneben immer wieder Reflektionen über Realität, z.B. die Verbitterung der Lehrenden, „You paint your world and use all colours, and then you find it all comes out too bright and when you want the truth, they only spit in your eye ...", oder „we all get the blues ... life is a burden". Die einfachen Menschen werden an diesem Punkt des ABBA-Weges schon wesentlich individueller erwähnt als bei der ersten LP. „My friend Sam is a chauffeur, Annie goes to school, Jerry works at the office, Sue lies by the pool, but on the weekend when I meet my friends ..." (vgl. die Außerirdischen und ihre Existenz auf Erden, als Büroangestellte, Studenten usw.).
Danach gleich eine Ausführung über die Musik als wichtigstes Element der Überbringung von Botschaften — „Thank you for the music"*, eine Hymne auf die Musik als einzigen Weg „to capture a heart". Als Vergleich dazu: Im Film „Die un-

heimliche Begegnung der dritten Art" von Spielberg ist es auch die Musik, zunächst eine ganz bestimmte Tonfolge, die die Menschen in Kontakt zu den Außerirdischen bringt. Sie wird zunächst von Auserwählten unabhängig voneinander an verschiedenen Orten der Erde aufgenommen, gehört oder plötzlich intuitiv erfahren (ein Kind spielt sie am Kinderklavier, einfach so), danach eignen sich auerwählte Wissenschaftler diese Tonfolge an und spielen sie schließlich den gelandeten UFOnauten vor, und diese antworten mit der gleichen Tonfolge und Abwandlungen davon, „What a joy, what a life, what a chance"!

Auch in späteren ABBA-Liedern ist der Musik als weitreichender Energieform auch in den Texten eine tragende Rolle eingeräumt: Andante-Andante / The Piper / I let the music speak / früher noch — Dance, while the music still goes on / Rock me / Dum Dum Diddle / Dancing Queen / Gonna sing you my love-song / King Kong Song / Rock'n Roll Band.

Bewegung, Trennung als Chance im nächsten Lied — „I wonder (Departure)"*. Schon der Titel, eine Fundgrube für den ABBA-Forscher. Departure bedeutet sowohl Abfahrt als auch Wechsel, Veränderung — change. Trennung von alt bekannten Situationen an sich beschäftigt sich nur mit einem Teilaspekt der Veränderung, dem Verlassen der kleinen Stadt oder des Ortes der Herkunft, den Zweifeln dabei — der Angst wegzugehen, alles Vertraute zu verlassen. (Ein Vorgriff auf „Visitors"?) Aber darin liegt die Chance ... „ Oh no I'll be strong, one chance in a life-time, yes I will take it, it can't go wrong". Ein Beispiel für alle Feiglinge, Zögernde: „I'm not a coward".

Es kann nichts schiefgehen. Wer nichts Neues sucht, erfährt nichts. Eine Chance kommt nie zweimal. In „I'm a marionette"* ein Stück biografischer Realität, „I'm a marionette, everybody's pet, just as long as I sing ...", gleichzeitig aber auch Reflektion über die Aufgabe, die Mission ABBAs. „As if I have come from out of space", erinnernd an „Eagle"* —

„ ... they came flyin' from far away ... they've seen places beyond my land ... now I'm under their spell ...". Spell könnte einfach Zauber heißen, aber es bedeutet auch Arbeitsleistung. Die Mission ABBAs ist eine solche. ABBA als Medium für die Überbringung von Botschaften von Außerirdischen, denn wie lassen sich physische Außerirdische ohne Technologie und deren weisen Gebrauch vorstellen, wenn sie mit uns in Kontakt treten? Es gibt „time to breathe and time to live ..." in diesem Nacht-Leben, wobei die Vergänglichkeit dieses Vergnügens voll bewußt gemacht wird und als Teil dieses Lebens dargestellt wird. Die Träume der Nacht sehen eben am nächsten Morgen anders aus: „In the pale light of the morning nothing's worth remembering, it's a dream it's out of reach, scattered driftwood on the beach ..." Der Alltag ist nichts bleibendes, Kulturen vergehen, aber der Cosmos bleibt ewig. Die Chance, etwas neues, ungewöhnliches zu begegnen, ist vor allem nachts gegeben, wenn der Alltag als funktionaler Ablauf in den Hintergrund rückt.

Voulez vous?

Die direkte Frage „Willst du?", eine Aufforderung . . . Ein Lichtbalken geht quer durch verschiedene Ebenen des Bildes. Durch verschiedene Dimensionen auch. Eine Pyramide im Hintergrund. Die Frauen mit Sternengürteln. Ein Mann im schwarzen Smoking, der andere im weißen Overall . . . , in einer Pyramide? (siehe Abbildung).

Das Eingangslied mit gleichem Titel wie die LP ist pure message, ein Grundstein auf dem Weg zur Gesamterkenntnis der ABBA-Botschaft-Mission, der secret message, der story behind reality.

Voulez vous?   (Auszug)

People everywhere
we know the start
we know the end
masters of scene
we've done it all before
and now we are here to get some more
you know what I mean
take it now or leave it
now is all we get
nothing promised
no regrets
you know what to do
you know the rules
you know the game
voulez vous?

,,You know what I mean" — ist ein oft vorkommendes ABBA- und POP-statement. Der Empfänger der Botschaft ist schon meist durch die Tatsache, daß er sie empfängt, ein Mitwissender, daher fließt dazwischen immer diese Redewendung als (Rück-)Versicherung mit ein — abgewandelt z.B. ,,Do you know what I mean". Überhaupt das Wort ,,meanmeaning" ist zentrales POP-Thema.

In dem Lied wird das Spiel des Lebens noch genauer umrissen, auch vorausgesetzt, daß es schon bekannt ist. Die Meister/ Lehrer werden genauer beschrieben. Cosmische Prinzipien wie ,,Here and Now" und ,,we've done it all before" werden erstmalig klar beschrieben und damit die Position der Stars auch erhellt, „we know the start, we know the end, masters of scene". „I have a dream"* ist ebenfalls ein purer messagesong, wie schon bei den ABBA-Art-Bildern ausführlich beschrieben.

Darauf folgt gleich „Angel eyes"* . . . wieder geht es um das Spiel . . . „it's a game he likes to play". Dies vielleicht auch als Warnung vor dem Meister? Und weiter wird ein bißchen Angst besungen: „don't look too deep into those angeleyes ... you must pay the price ...", aber auch Faszination: „one look and you're hypnotized". Man kann sich dieser magischen Ausstrahlung nicht entziehen, sie wird akzeptiert.

In „Lovers (live a little longer)"*, „You and me got a chance to live twice", eine kleine Vorbereitung auf immer wiederkehrendes Leben, a la Tibetanisches Totenbuch?

Um Weltschmerz geht es in „Chiquitita"*, (ABBA schenkte dieses Lied der UNICEF). Zwar ist die augenblickliche Situation nicht vielversprechend, aber „you'll be dancing once again ...", die Zukunft der Menschheit ist doch positiv, auch wenn es nicht so aussieht. „enchained by your own sorrow, with no hope for tomorrow".

„If it wasn't for the nights"* und „Gimme gimme"* (am Schluß der LP) behandeln ähnliche Themen. Die Schatten der Nächte machen das Leben zur Hölle. „How I fear the time when shadows start to fall ..." „I got my business to help me through the day ... Guess my future would look bright if it wasn't for the nights".

Und „somebody help me chase the shadows away", draußen die Großstadt, die wunderbare „summer night city"*, und „in my flat alone" eine Betende, „There's not a soul out there, no one to hear my prayer, ... Take me through the darkness to the break of the day." Der Tag als rettende Routine aus den dunklen Tiefen der Seele und des Cosmos, denn die Nacht gehört den magischen Kräften, die unsere Sinne mehr bedrängen als am Tage.

Super trouper

Im Lied „Super Trouper"* wird wieder der einzelne in der Masse angesprochen, „somewhere in the crowd there's you ... the sight of you will proove to me I'm still alive".
Warum ausgerechnet „when I called you last night from Glasgow", das müßte die ABBA-Forschung wohl noch herausfinden.
Auch wieder in diesem Stück das Problematisieren der Starrolle, „all I do is eat and sleep and sing, wishing every show was the last show ... beeing part of a success that never ends ...".
Auch die Einsamkeit des Stars wird krass benannt: „facing twentythousand of your friends, how can anyone be so lonely" ... „ ... but it's gonna be alright".
In „The winner takes it all"* wird die Liebe mit einem Kartenspiel verglichen und es gibt trotz der Spielregeln ein Schicksal (die Götter): „The gods may throw a dice, their minds as cold as ice, and someone way down here looses someone dear." Eigentlich geht es darum, daß es nicht immer schlau ist, die Spielregeln zu befolgen: „but I was a fool, playing by the rules". Aber dann doch „rules must be obeyed".
Werden in diesem Lied vielleicht auch die – uns einzelnen Menschen grausam erscheinenden – Regeln angedeutet, die für bestimmte Zusammenhänge Gültigkeit haben? Kann es Regeln im Universum geben, denen wir uns zwangsläufig beugen müssen, auch wenn es zu unserem Nachteil scheinen mag? Viele ähnliche, grausam erscheinende, für Außenstehende nicht verstehbare, Regeln finden sich in unterschiedlichen Religionen und anderen Heilslehren wieder. Ist die secret-message dieses Liedes eine Vorbereitung darauf?

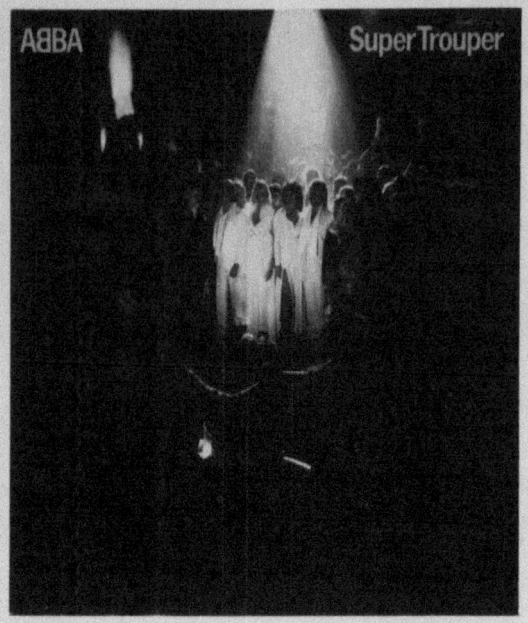

In „On and on and on"* wird Politik quasi revidiert. Ein Wirtschaftsminister schlägt vor, schlechte Zeiten durch „keep on rocking" zu überstehen, eine einfache Antwort, die zu erkennen gibt, daß man schlechte Zustände nicht durch politische Maßnahmen beheben kann, daß das Zeitalter politischer Konzepte vorbei ist. Anstelle von Fragen nach neuen Konzepten gewinnen folgende Fragen an Bedeutung: „Who am I and who are you and who are we? What's our situation, do we have some time for us?"

„Andante, andante"*, wieder in Gebetsform eine Bitte an das unbekannte „you", „touch my soul, you know how ... make me strong. Make me sing, make me sound."

Ein sehr direktes statement über die Menschen von heute findet sich in „Me and I"*. „Ev'ry one's a freak". Auch hier wieder fern aller politischer Konzepte der Vorschlag, „think about yourself for a minute and you'll find the answer in it ..... split identity".

Die verstärkte Tendenz zur Gebetsform zeigt sich auch in „Happy New Year"*. Einerseits kommt die Sorge um die schon früher besungene positive Utopie verstärkt zum Ausdruck „seems to me now that the dreams we had before are all dead, nothing more than confetti on the floor ...", andererseits liegt die Hoffnung wie bei den Religionen im Gebet des einzelnen: „may we all have a vision now and then of a world, where ev'ry neighbour is a friend ... may we all have our hopes, our will to try ...". Die Hoffnung gegen die Ignoranz der Mehrheit oder des Menschen schlechthin: „ ... man is a fool and he thinks he'll be O.K., draggin' on, feet of clay, never knowing he's astray, keeps on goin' anyway." Die Hoffnung ist voller Zweifel. In „Our last summer"* ist vielleicht der Grund für dieses blinde „keep on goin' anyway" zu finden, denn die Welt hat sich trotz philosophierender hippies und flower power nicht zum Besten gewendet, „we had our chance ...... but underneath we had a fear of flying" und der Freund aus den „crazy years" ist doch bloß ein „Harry", heute „a family-man, a football-fan", was uns allerdings auch hoffen lassen kann, „yet you're the hero of my dreams".

Die Beschreibung eines Erlösers finden wir in „The Piper"*: Die Menschen kamen von überall her, „they waited for the man, like a parish is waiting for the priest, longed to hear him play, play their minds away." „He gave them a dream, he seduced ev'rybody in the land ..." Wir werden auf die mythischen Ursprünge der cosmischen Weltsicht zurückgeführt, die rituellen Zusammenkünfte im Mondlicht in früheren Jahrhunderten: „and we dance beneath the moon", was auch auf Lateinisch gesungen wird („Sub luna sultamus"). Auch wieder eine Parallele zum schon erwähnten Spielbergfilm, wo durch eine bestimmte Tonfolge der Kontakt zu den Außerirdischen hergestellt wird, und die Sicht, daß jeder Mensch das Aufnahmepotential besitzt, steckt in dem Satz: „We're all following the strange melody, we're all summoned by a tune ..."

In „Should I laugh or cry"* wird, ähnlich wie in „Happy new year"* nochmal der negative Aspekt des Zeitalters der Ignoranz besungen, natürlich wieder in Form einer beendeten Beziehung:

„High and mighty his banner flies
a fools pride in his eyes
standin' there on his toes to grow in size
all I see is a big balloon
halfway up to the moon
he's wrapped up in the warm and safe cocoon
of an eternal lie".

Bei aller Hoffnung, die einmal in der positiven Utopie steckte, überwiegt jetzt mehr der Zweifel, „so should I laugh or cry?" Auch das Thema „closed mind" wird wieder aufgenommen. „how dangerously indifferent I have grown, cold as a stone, no more pain where there was pain before."

ABBA – the visitors

Auf dem Cover ein großer klassischer Raum (vielleicht in einem Schloß, Palast o.ä.). Die vier ABBAs klein vor einem überdimensionalen Engelbild. Eine der Frauen blättert in einem riesigen Buch (dem „history book"?), alle vier schauen in Richtung eines goldenen Lichtscheins. Unter dem riesigen Engelsbild eine Unterschrift, nur der Buchstabe S ist zu sehen. Die vier tragen außergewöhnlich gewöhnliche Kleidung und wirken sehr klein vor dem Bild, um das noch dreißig weitere kleine Bilder gruppiert sind. Auf der Rückseite des Covers ist die Vorderseite eines der kleinen Bilder, Abbild des Abbildes ... (siehe Abbildung). Diese mystische Covergestaltung rundet das Bild der Gruppe als Träger einer Botschaft ab, sei es als bewußte Überbringer (ABBA sind Außerirdische) oder als unbewußte Träger der message (ABBA sind ein Medium unter dem Einfluß von Außerirdischen).

Bei Veröffentlichung dieser LP rundet sich die Geschichte plötzlich ab, vor allem durch dieses Lied The Visitors – die Besucher. Die Gleichsetzung von außerirdischen Besuchern mit inneren Stimmen, welche sich im konkreten Fall als Besucher draußen vor der Tür manifestieren. Zu sphärischen Klängen. Was sich im Lied „Eagle" andeutet, findet hier die Fortführung und endgültige Steigerung. Wieder wird mit der Angst umgegangen in diesem Lied, und mit ihrer Überwindung, durch die man woanders hingelangen kann. Scheinbar zweigeteilt zwischen dem gegenwärtigen Sein und dem vagen – doch erwünschten – neuen.

Das Wissen und die Öffnung für die Botschaften aus dem Cosmos machen ein Erdenleben schwierig, die Angst des Menschen vor allem Neuen macht wiederum die Begegnung mit den Außerirdischen aufreibend. Die Situation, die im Stück beschrieben wird, ist wie schon oft vorher ein Zimmer: „I hear the door bell ring and suddenly the panic takes me ... I cannot move I'm standing numb and frozen among the things I love so dearly the books, the paintings and the furniture help me", die Stille zerreißt, die Frau (als Hauptperson) weiß aber sofort, um welche Qualität der Begegnung es sich handelt. „I have been waiting for these visitors". Trotzdem ist die Angst groß, wie jeder Mensch wahrscheinlich Angst hat, wenn er den Sinn des Lebens hinter all den sicheren Abläufen entdeckt. „my whole world is failing going crazy there is no escaping now I'm cracking up". Es ist von „secret meetings" die Rede, und „now they come to take me come to break me and yet it is'nt unexpected". Selbst nach einer langen Vorberetungszeit voller Erwartungen ist eine endlich stattfindende Begegnung noch maßlos aufregend und erschüttert die Grundfeste eines irdischen Daseins.

Psychologisch gesehen könnte das Lied die Geschichte einer Wahnsinnigen beschreiben, aber wo ist da die Grenze, sind nicht immer schon Menschen mit außergewöhnlichen Wahrnehmungen für verrückt erklärt worden, wenn deren Auswirkungen nicht in das allgemeine Bild der Zeit paßten? Zweifellos hält man heute noch jemanden für verrückt oder wahnsinnig, der behaupten würde, ein Außerirdischer zu sein oder mit solchen in Kontakt zu stehen; (zumindest verteidigen die Medien diese Sicht, um die Masse vor Panik zu bewahren). Die Parallele zu einer Religion, die unsere westliche Sphäre am meisten berührt, liegt auf der Hand. Gottes Sohn würde heutzutage wahrscheinlich schnell ein ähnliches Schicksal ereilen wie seinen Vorgänger in Nazareth. Bloß erscheinen heute die Formen der Isolation humaner, würde man ihn doch nicht demonstrativ ans Kreuz nageln, sondern aus dem Verkehr ziehen.

„The Visitors" kann ohne weiteres als das stärkste Informationsmaterial in Bezug auf ABBA als Medium gewertet werden.

In „When all is said and done"* ist wieder das Vogelthema aufgegriffen, beschrieben wird die weniger angstvolle Seite „Bird of passage you and me we fly instinctively", das Wissen über die Vergänglichkeit von Beziehungen und Existenz, „Neither you nor I'm to blame when all is said and done". Wieder die positiven Kräfte der Liebe wirken, „with nothing left untried", wohingegen der einzelne in der Masse „with no romance in his life" verbleibt („Tow for the Price of one"*). Die negative Vision „Soldiers"*, eine Warnung. „Do I see the signs I think I see ... is it true that the beast is waking ...". Zwar wird klar gemacht, daß man eine ablehnende innere Haltung haben kann „Soldiers write the songs that soldiers sing the song that you and I won't sing", aber auch, daß diese Ablehnung in einer Eskalation nichts mehr nützt, „taking a chance" ist zeitlich begrenzt, „cause if the bugler starts to play we, too, must dance".

Die einzige Kraft, die übrig zu bleiben scheint, ist in der Hymne „I let the music speak"* beschrieben. „Voices call out to me straight to my heart ... I let my feelings take over carry my soul away into the world where beauty meets the darkness of the day." Der Sieg der Gefühle, auch eine Anlehnung an Tod, Überwältigung, aufgeben. Hier treffen sich alle Möglichkeiten, die Beschreibung paßt wie auch in früheren Liedern auf außerirdischen sowie religiösen Einfluß. Erkenntnis und Vergänglichkeit auch in „Slipping through my fingers"* eng beieinander, eine Ballade über eine Begegnung, die nie stattfindet „each time I think I'm close to knowing she keeps on growing slipping through my fingers ...". Fast eine Beschreibung des Sterbens als Zustand ist „Like an angel passing through my room"*, das in der Form an ein Abendgebet erinnert; musikalisch ist es unterlegt mit ständigem Weckerticken, direkte vergehende Zeit. „Long awaited darkness falls", Tod als Erlösung? „In this peaceful solitude all the outside world subdued ... so the present runs into the past ... love was one prolongued good-bye". So ist auch das Leben ein einziger Abschied, so bilderreich in all den Liedern Stück für Stück oder Lebensabschnitt für Lebensabschnitt beschrieben. ,,Angel passing through" oder ,,I believe in angels" sind direkte Bilder und Aussagen über diese mystisch religiöse Sicht auf menschliche Existenz.

Das Weckerticken wird noch eine Weile fortgesetzt, nachdem das Lied zuende ist. Es übertönt das vorangegangene wie ein spotlight einen intimen Raum beleuchtet, und vermittelt den Eindruck eines Karussels, auf dem wir uns alle befinden und das sich unaufhaltsam weiterdreht. Schließlich muß man mit dem einmal erlangten Wissen weiterleben.

Da ABBA nach der Veröffentlichung dieser LP nicht verschwunden sind, ist davon auszugehen, daß ihre Mission auf der Erde noch nicht erfüllt ist.

ABBA-ART

Dieser Begriff bezeichnet Kunst in jeder Form, die direkt unter dem Einfluß von Abba-Musik und Texten entstanden ist und die Abba als Inspiration zur Grundlage hat. Im folgenden einige Beispiele der Abba-Art von Görd Kaa und Sasa Merts. Darüber hinaus existiert Abba-Art auch als Fan-Kunst, unbeachtet von der Öffentlichkeit, wenn z.B. ein Abba-Fan sein T-Shirt mit einem Abba-Motiv bemalt. Abba-Art ist eine Art naive Kunst in der ursprünglichen Definition (naiv = natürlich, unbefangen, kindlich, treuherzig, arglos — erst in neuester Zeit wurde damit begonnen, dieses Wort in abschätzigem Sinn zu verwenden). Abba-Art entsteht auch immer dann, wenn sich ein Künstler unbefangen von Abba inspirieren läßt.

Abba-Art ist eine Art Kunst, sich einzulassen auf Trivialität, auf sentimentale Melodien, auf die emotionale Asymmetrie von „Schlagern", und eine Wahrheit darin zu entdecken, die größere Horizonte enthüllt, als man erwartet hat. Überraschung erleben, nicht etwas Bekanntes bestätigen, sondern das Abenteuer wagen, daß auch das Material Anlaß für Kreativität liefert, von dem sich die Kunst immer gern abwenden möchte, um noch Kunst zu bleiben. Trotzdem ist Abba-Art nicht weniger künstlich als andere Kunst; denn das Alltägliche einmal entdeckt, wird unalltäglich. Abba-Art bleibt immer ein Experiment. Abba-Art ist eine heimliche Verbindung zur ungreifbaren Masse, zur Erkenntnis massenhafter Individualität;
Abba-Art ist eine Art Kunst, sich innerhalb eines übergeordneten (alltäglichen) Zusammenhanges kreativ zu verhalten, sich als Teil des Zusammenhanges zu verstehen und sich nicht gegen ihn, sondern über ihn hinaus zu manifestieren. Abba-Texte zu hören und wirklich zu verstehen, käme dem Zustand der Befähigung sehr nahe, Gedanken zu lesen; die Gedanken der Masse, die unter sich bleibt.

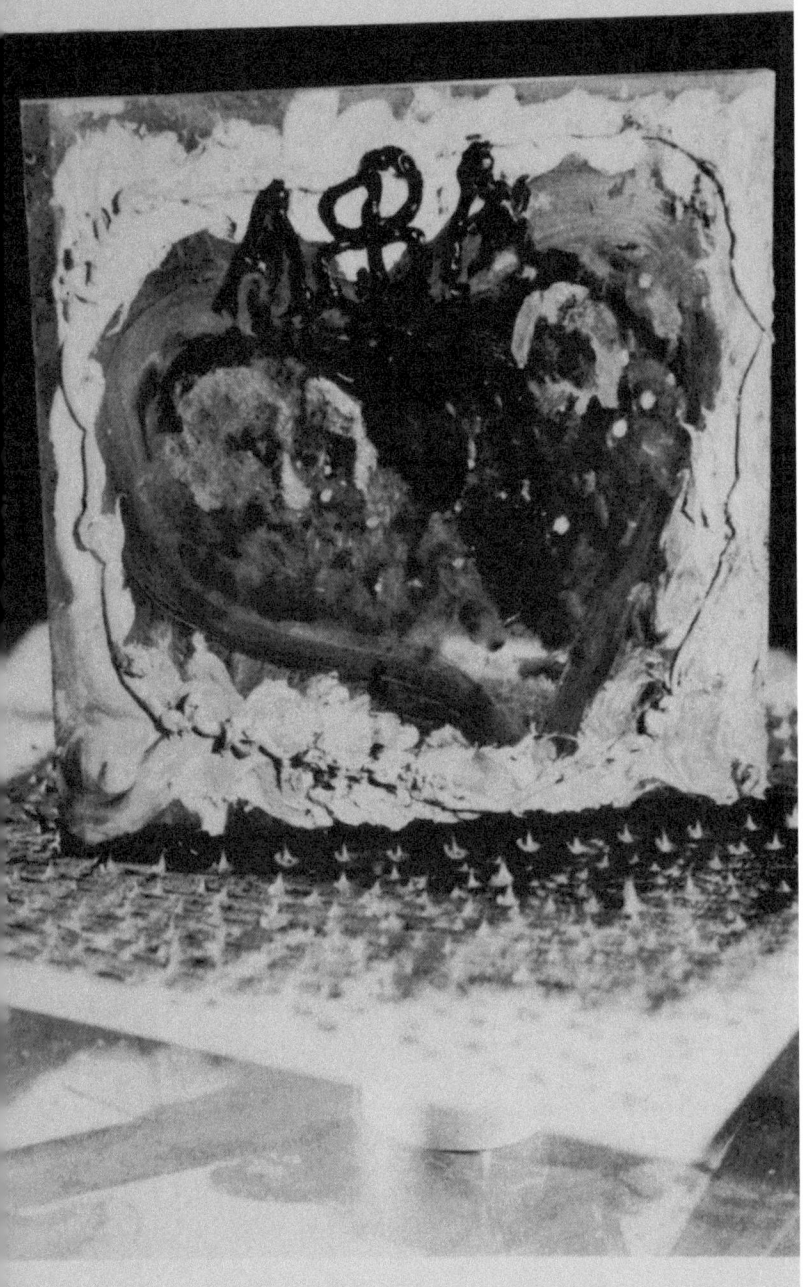

Idole – Abba Altar

Der Abba-Altar ist eine Vorschau und Science Fiction zugleich. Er ist heute so gemacht, wie er in einer zukünftigen Zeit einmal aussehen könnte. Grundlage bilden religiöse Bilder, welche heute existieren und die von Gläubigen durch Berührung (mit Händen meist, aber auch durch Küssen) deformiert worden sind. Kunstwerke, die alt sind und deren jetziger Zustand durch Gebrauch in dieser Art entstanden ist. Berührte Idole. Materialien der Gegenwart sind Plexiglas, Ölfarbe, Resopalholz, Klebeband, Goldlack.

Mit klassischer Ölfarbe, unbeholfen, doch voll Andacht wurde eine offizielle Abba-Fanpostkarte aus dem Jahr 1978 auf einem Stück Plexiglas abgemalt. Doch im Laufe der Jahre wurde dieses Bild abgetastet, berührt von Hunderten von Händen, die alle auf diese Art ihren Idolen, heiligen Abgöttern näher kommen wollten.

Der Altar wurde schon an verschiedenen Orten aufgestellt, mit immer wechselnder Stimmung. Mal mit Kerzen, mal mit einem Super Trouper (größter Bünenscheinwerfer) beleuchtet. Er hat noch einen weiten Weg vor sich . . .

Der Altar „schwebt" im Raum, Gegenstände können um ihn mit Leichtigkeit in der Atmosphäre an jedem beliebigen Ort placiert werden. Es ist eigentlich fast wichtiger, was sich um den Altar herum ereignet, als wo er hinkommen wird. (Er ist integraler Bestandteil der COA-Zeremonien.)

(Objekt, Holz, Plexiglas bem. mit Öl und Goldlack, Höhe ca. 50 cm, 60 x 80 cm)   Görd Kaa 1982

**Loveland —
Life could be funny, happy & sunny**

Eine Utopie, die auf ähnlicher Ebene liegt wie die im ABBA-Altar. Das Bild ergibt sich wie ABBA aus vier einzelnen Einheiten, jede deckt mehrere Aspekte ab, es ergeben sich auch Überschneidungen. Die Teile entsprechen Gegenwart, Vergangenheit (Geschichte), Zukunft und Utopie.
Die Halbinsel — Loveland — von oben gesehen, gleichzeitig aber auch von vorne, vom Wasser aus. Der Suchende (Gläubige, Fan) befindet sich auf einem Floß aus vier Stämmen, auf seinem Kopf ein großer glücksradähnlicher Hut. Seine Fahne weht im Wind, der aus vielen Richtungen bläst. Vor der Küste ein paar Felsensteine mit den weisen Vögeln. Das Meer ist das Meer, in dem sich der Suchende jeweils befindet — das Meer der Zeit, der Masse, der Gedanken ... Das Floß ist aus Ebenholzstämmen gebaut, darauf die goldene Zukunftskugel, auch der goldene (Glücks-)Ball, der durch alle Geschichten und Märchen rollt. Im Meer ein Orkan, der im Zentrum ganz ruhig zu sein scheint, da liegt der All-Tag, auch die Alltags-Welt, everyday world. In den Häusern Liebe & Schmerz & Herz. Dieser Orkan wird vom Floß aus nur mehr als davonziehende Windhose wahrgenommen (wenn überhaupt), von der keine Gefahr mehr ausgeht, man ist sich ja auch sehr sicher, so knapp vor dem Ziel. Die Steine der weisen Vögel gilt es noch zu umschiffen, um durch die vier Palmen Liebe, Schmerz, Begegnung und Abschied, zum Wesen der Musik (fast durchsichtig-transparent und mit Akkordeonkrone am Kopf), das von grauem Nebel umgeben ist, zu gelangen. Weiter hinten die Schatztruhe, auch die des eigenen Lebens mit dem individuellen Schatz, mal offen, wie jetzt, aber schon auch mal verschlossen. Einige Tanzblumen stehn am Hügel. Weiter hinten der (innere) Vulkan, ständig tätig. Weit am Himmel schwebt ein Nachtfischluftschiff, es segelt unter den Zeichen Funny, Happy & Sunny, im Korb die, welche die Zeichen entziffern

Die Zeichen auf dem Zeppelin (Loveland)

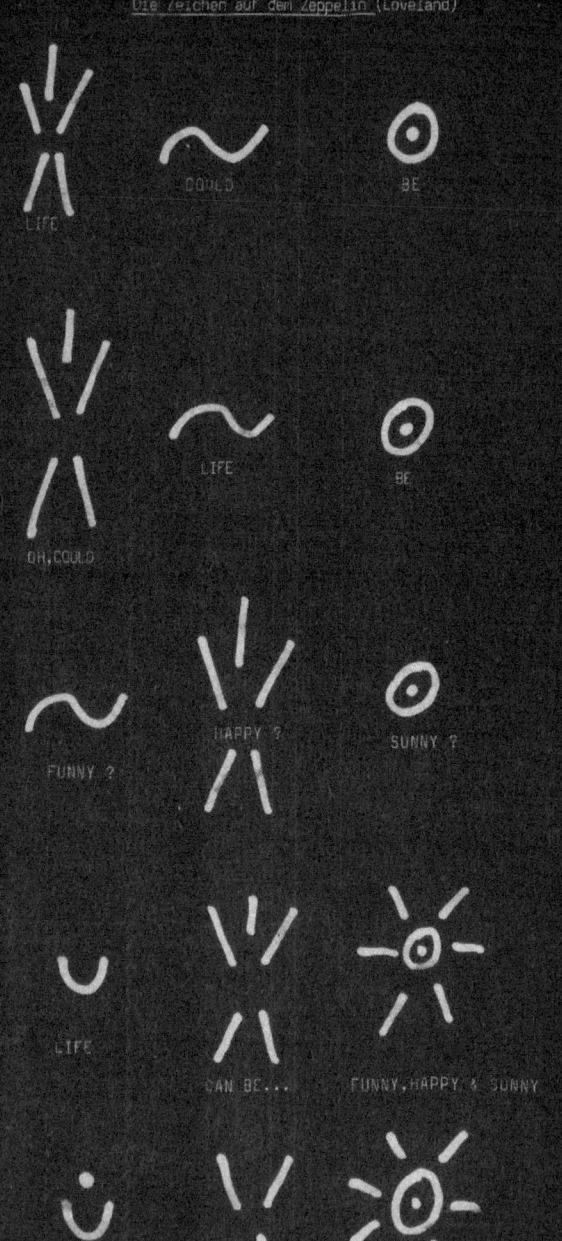

konnten — sie fahren weiter über Loveland, wo es noch viele Geheimnisse zu entdecken und erforschen gibt.
Zwei Mächte beobachten die ganze Szenerie von oben: Die schwarze Macht, die den Menschenplan in den Händen hält, ein sehr altes Papyrus, welches der Menschheit abhanden gekommen ist, darauf der Lageplan von Loveland. Dem schwarzen Wesen gelang es noch nicht, ihn an die Menschheit zurückzugeben, denn nachts, wo die meisten dafür empfänglich wären, kann man es nicht sehen, und schon die Kinder haben auch Angst vor diesem Wesen — aufdrängen oder gar aufzwingen kann es den Plan auch niemandem — und so überprüft es nur immer wieder mit Erstaunen, wenn es einem Suchenden gelingt, dorthin zu kommen, wie exakt richtig doch die menschlichen Aufzeichnungen sind, und welche Mühen es doch einzelnen bereitet, dorthin zu kommen! Das schwarze Wesen hat viel Zärtlichkeit für die Menschen, trotz der vielen Mißdeutungen und Mißverständnisse, denen es immer wieder begegnet, und so streicht es behutsam den Menschen-Händeabdruck, der sich auf dem Papyrus befindet. Einst kam der Plan mit den ersten Menschen auf diesen Planeten, der Weg zu Loveland war ein Kinderspiel, doch heute, wo selbst die Kinder schon das Spielen verlernen, wird es immer schwieriger. Eine Hoffnung liegt vielleicht im Computergame? Vielleicht wird es möglich werden, alles, was heute schwierig scheint, spielerisch zu lösen, es muß ja nicht immer das alte Cowboy-Indianerspiel sein. Das schwarze Wesen (dessen Name geheim bleibt) bietet auch immer wieder seine Hand zum Geleit an, aber es ist schon ziemlich entmutigt, niemand sieht es. Obendrein ist da noch die andere Macht, das andere Wesen (dessen Name auch geheim bleibt — Gerüchte sprechen vom Wegwesen, aber ...). Es ist seiner selbst der Möglichkeit verpflichtet; es hat fünf gleichlange Zeigefinger, und die streckt es immer alle gleichzeitig aus, wenn es auf etwas deutet, was natürlich Verwirrung stiftet. Um seine wasserblauen Hände trägt es das Möglichkeitsabzeichenband, darauf steht: Life

could be. Nur die Fingernägel leuchten rot, wie Irrlichter, am Wasser. Selbst als Wegweiser gedeutet, verwirren sie nach einiger Zeit, weil es fünf sind, die Finger des Wesens sind auch zusätzlich verlängerbar und verkürzbar! Man stelle sich vor: Meilen von unterschiedlichen Richtungs- und Lösungsmöglichkeiten — Life could be. Aber es ist keine böse Absicht dahinter, auch das blaue Wesen meint es gut mit den Menschen; kurz vor dem Ziel deutet es mit der ganzen Hand auf Loveland, das wird meist falsch verstanden. Das Problem der positiven Mächte sind die Mißverständnisse.

TROPICAL LOVELAND

„Come to my loveland, wander along
beautiful gardens full of flowers
and songs.
Come to the sunshine, beaches and sand,
listen to bluebirds. Won't you come
to my land?
The grass is mellow and the sky is blue.
My paradise is waiting here for you.

Oh, oh, oh, it's a tropical loveland,
oh, I wanna share it here with you
life can be funny, happy and sunny,
in my tropical loveland.

Come to my loveland, wander with me,
lie with me, darling,
in the shade of a tree.
Over the rainbow, under the moon,
that's where my land is.
Won't you come to me soon?
Just take my hand.
I'll show you everything,
the secrets that my paradise can bring.

Oh, oh, oh, it's a tropical loveland . . . ."

Tropical Loveland
(4teilig, Plaka auf Papier, je ca. DIN A 1)

Görd Kaa 1982

Fancy free — Storyboard

Dieses Storyboard (Geschichtenbrett) behandelt den Gesamtcharakter des Projektes. Die Zeile „fancy free" ist aus dem Lied „Summer Night City", wo es genauer heißt: „I know what's waiting there for me, tonight I'm loose and fancy free". Spielerisch geht es beim Storyboard um Zufall und Illusion. Es ist auch genau so entstanden. Auf einem, um die eigene Achse drehbaren Sockel, wurde jeweils ein leeres weißes Blatt Papier (DIN A4) gelegt. Von einem Scheinwerfer, im ansonsten dunklen Raum, angestrahlt. Mehrere Stunden vorher und während des Zeichnens von Zeichen läuft ABBA-Musik über Walkman-Kopfhörer — mehrere LPs. — Ein gelber Leuchtfarbfilzstift in der einen Hand, wird mit der anderen während des Zeichnens die Platte gedreht, was der Rotation der Musik entspricht. Das jeweilige Abbild entsteht zufällig zur gerade gehörten Musik, ohne bewußte Gestaltungsabsicht, eher mit dem Wunsch, nicht in Zeichen zu geraten, die im eigenen Zeichen-Code enthalten sind — etwa Dreiecke, Kreise udgl. Die Anzahl der Papiere entstand auch durch zufälliges Entnehmen dieser Menge aus einer größeren. Danach wurden die schwer sichtbaren gelben Linien auf die gleiche Weise mit einem schwarzen Stift nachgezogen und die jeweils aufgenommene Textzeile darunter geschrieben . . .
Diese Blätter zusammen aufgeklebt ergeben ein erst von einiger Entfernung wahrnehmbares Gesamtbild. Die Texte in verschiedener Reihenfolge gelesen und aneinandergereiht, oder auch einzeln, ergeben eine oder viele Geschichten. — Aus großer Entfernung gesehen wirkt das Ganze wie eine weiße Fläche, erst beim Näherkommen (ca. ab 10 Meter) sind verschiedene Strukturen erkennbar, auch die einzelnen Linien erkennt man genauer, dann erst ganz aus der Nähe auch die gelben und die Texte. So ist das Spiel mit ABBA auch . . .

Aus diesen Textfragmenten eine assoziative Geschichte erstellen, Selbstbedienungsgeschichte – die eigene Geschichte:
(ohne Reihenfolge)

> Do I hear what I think I see
> There's no hurry anymore
> Half in dreams
> They passed me by
> Nothing in the world
> What happened to the wonderful
> I love the feeling in the end
> Taking a chance
> One prolongued Good Bye
> Every grand illusion
> Feel the autumn
> Starring at the cealing
> If you know what I mean
> All the time
> Fancy free
> Irritation
> In the early morning
> Thanks for all the time
> Different ages
> One of us
> If you get two
> Absent minded smile
> Waiting for sunlight
> Look so strong
> Left at all
> All that thunder
> If you dream
> In the dead of night
> Passing through my room

Freie Übersetzung:

Höre ich was ich denke zu sehen
Es gibt keine Eile mehr
Halb in Träumen
Sie gingen an mir vorbei
Nichts in der Welt
Was geschah mit dem wundervollen
Ich liebe das Gefühl am Ende
Die Chance wahrnehmen
Ein verlängerter Abschied
Jede großartige Illusion
Fühle den Herbst
An die Decke starrend
Falls du weißt was ich meine
Die ganze Zeit
Ungebunden
Irritation
Früh am Morgen
Danke für all die Zeit
Unterschiedliche (Zeit-)Alter
Eine(r/s) von uns
Wenn du zwei bekommst
Abwesendes Lächeln
Warten auf Sonne
Stark aussehen
Verlassen zuletzt
Der ganze Donner
Wenn du träumst
Im Dunkel der Nacht
Durch meinen Raum ziehen

Wichtig ist bei allen Übersetzungen, auch die verschiedenen Möglichkeiten zu berücksichtigen, die die englische Sprache beim Vergleich mit der deutschen bietet, etwa bei dem Wort ,,age", was sowohl Alter wie auch Zeitalter bedeuten kann, oder auch das nicht geschlechtsspezifische ,,one". Darüber hinaus ist auch noch der Gleichklang verschiedener Worte wichtig, etwa ,,two" und ,,to", ,,zwei" und ,,zu, nah".

I believe in angels

Das Lied mit seinen messages, Botschaften und seiner Philosophie heißt:

I Have A Dream

I have a dram, a song to sing
to help me cope with anything.
If you see the wonder of a fairytale,
you can take the future even if you fail.
I believe in angels,
something good in everything I see,
I believe in angels.
When I know the time is right for me
I'll cross the stream, I have a dream.
I have a dream, a fantasy,
to help me through reality.
And my destination makes it worth the while
pushing trough the darkness still another mile.
I believe in angels,
something good in everything I see,
I believe in angels
when I know the time is right for me,
I'll cross the stream, I have a dream,
I have a dream, I'll cross the stream.

Freie Übersetzung:

Ich habe einen Traum, ich habe ein Lied
und das hilft mir bei allem womit ich zu tun habe
wenn du das Wunder der Märchen begreifst,
kannst du die Zukunft ertragen, auch wenn du scheiterst
Ich glaube an Engel, an das Gute in allem
Ich glaube an Engel.
Wenn es Zeit für mich ist, dann werde ich
ohne zu zögern den Fluß überschreiten
Ich habe einen Traum, eine Vision, die mich davor
schützt, an dem, was ist, zu verzweifeln
mein Ziel ist es wert, in der Dunkelheit noch ein Stück
weiterzugehen.
Ich glaube an Engel, wenn es Zeit für mich ist, werde
ich ohne zu zögern den Fluß überschreiten.
Ich habe einen Traum
und ich werde den Fluß überschreiten.

Die einfachste darin.enthaltene Philosophie ist die christlich beeinflußte über Schutzengel, an die auch Nichtchristen glauben. „In allem, was ich sehe, ist (auch) etwas Gutes", besagt etwas über eine hoffnungsvolle positive (Welt-)Sicht. Und, wenn du die Wunder der Märchen erkennst, gehört dir die Zukunft, sogar wenn du versagst, sowie — ich habe einen Traum, eine Phantasie, die mir durch die Realität hilft. Die message könnte sein, keine Angst vor dem Überqueren des Flusses zu haben. Der musikalischen Stimmung nach, die mit dem Lied kommt, scheint klar zu sein, welcher Fluß da gemeint ist — der, an dessen anderem Ufer auch ein anderes Leben liegt, dort wo man hingeht, wenn es an der Zeit dazu ist.

Von den Außerirdischen stammt auch der Satz: „Es ist die Angst, die euch umkommen läßt". Die Angst vor dem Tod? Viele Extasen, geistige und körperliche, bringen einen immer wieder nahe an den Tod — die künstlerische (auf vielen Gebieten) Aufarbeitung dieses Themas gerät auch immer wieder in Todesnähe. Im Lied „I Have A Dream" ist nichts von Angst enthalten, sogar Kinder singen im Chor den Text mit. — Hätten wir Angst, wenn uns Außerirdische auf ein anderes Leben auf anderen Planeten vorbereiten wollen würden?

Die meisten Bilder entstanden ohne Skizze oder Vorarbeit mit ausschließlicher Konzentration auf die Musik und den Gesang (Text), immer wieder abgespielt bis zur Fertigstellung. Die Bereitschaft, die Botschaft aufzunehmen und zu visualisieren, dem Zufall oder der message dabei überlassend, welche Figuren dabei entstehen.

Der Künstler in der Funktion eines Seismographen, seismographische Kunst. Die geistigen Fähigkeiten in erster Linie auf eine Steigerung der Wahrnehmungsfähigkeit zu verwenden, nicht für Analyse, nicht für Synthese, keine Korrekturen, keine geistig gesteuerte Spontanität — nur Aufzeichnung, jeden Gedanken zu verwenden, die Aufnahmebereitschaft zu expandieren, gleichzeitig den Weg der Umsetzung zu verkürzen.

Das außerirdische Element ist in diesem Lied der Engel. Engel tauchen in den Liedern ABBA's immer wieder auf, sie stehen, so wie die Liebe, als naheliegenster Faktor der Metaphysik für die Außerirdischen.

Sasa Merts, Zeichnungen 1984 » »
Öl, Eitempera auf Papier 24 x 32 cm

The way old friends do:

Der Zustand der Freundschaft, abstrakte Form gleichschwingender Flächen, die sich zum Teil überlagern, zum Teil unberührt nebeneinander stehen. Stille. Leere. Flächen zueinander in Stellung gebracht ergeben eine räumliche Form, die auseinanderplatzt. Explosion, ,,fights and words of violence". Der Zustand der Spannungslosigkeit, des ,,I don't care what comes tomorrow, we can face it together, the way old friends do", gipfelt in Formlosigkeit, horizontaler Auflösung, es gibt nurmehr eine Ebene, keinen Vergleich, keine Stellung verschiedener Formen zueinander. Formverlust als Entspannung. Aufgabe der Identität als erklärte Form (z.B. Würfel), Identität verliert als formale Bedeutung und gewinnt als Substanz.

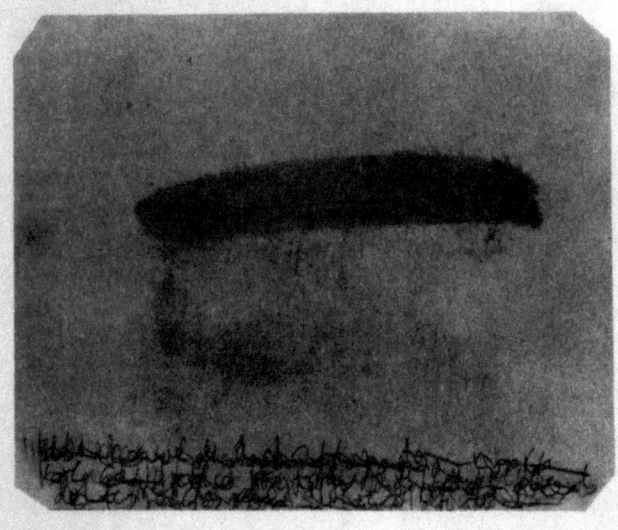

Soldiers:

Welt Weltzusammenhang. Massenhafte Individualität. Sich auflösende Welt im dunkelblauen Cosmos, wo die Seelen ausschwärmen, die Menschen ihre blutigen Herzen in die Hände nehmen und durch das All segeln, bis zu ihrer Auflösung, die Glück bringen wird. Das ist die eine Ebene. Die andere ist die wirklich weltliche im alltäglichen Kleid. Kindheit, Orte, leere Plätze, wo sind die Großen, die Frauen, die Männer – die Soldaten. Straßenfluchten, Baumalleen, das Herz ein eingeschlossener roter Schwamm. Die Seele – ein roter Flaum. Die Welt ein leerer Tisch, an dem niemand je wieder satt wird. Blutrote Bäume, blutrote Häuser, Blutrot und Worte. Nur die Kinder suchen noch instinktiv. Die Erwachsenen sind längst unterwegs, Masse im Trommelrhythmus. Frauen verschwinden in der Versenkung. Die Männer Dienstboten ihrerselbst. Das Herz im Aktenkoffer, die Seele unter der Pagenmütze. Die Kinder an blutigen Tischen, Leere. „ ... cause if the bugler starts to play, we, too, must dance".

let's go back the other way

Soldiers with the song that soldiers sing

I let the music speak

Das Leben liegt wie eine Landschaft da, du hinterläßt deine Spur, wo immer du gehst, dich bewegst; immer folgst du. Alles ist schon da. Du wirst begleitet von deinem Gefühl, das dir den Weg weisen kann, ,,in the dead of night ... in some ancient valley ...''. Du warst schon immer da, und jetzt bist du schon wieder da, um deinen Weg zu finden ,,into a place where beauty will defeat the darkest day''.

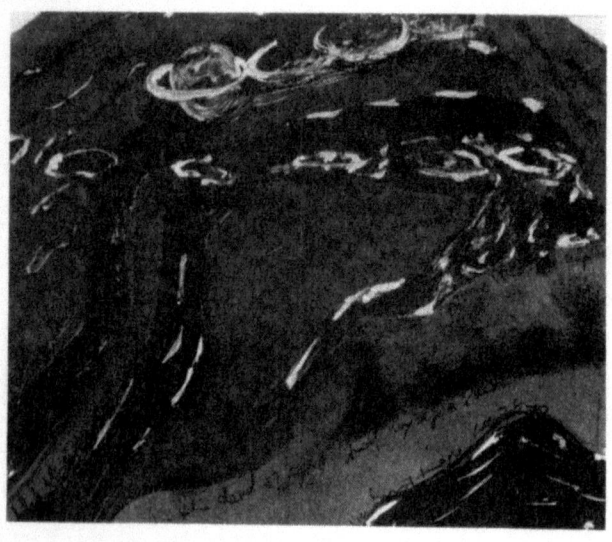

The visitors

Du bist hautnah umschlossen, unentrinnbar, es gibt keine Luft mehr. Da ist es wieder – das Ei. Was kann ein Mensch schon aufbieten gegen eine allumfassende Substanz. Das Ei. Plötzlich beginnt der Schwebezustand. Oben ist unten, unten ist oben, und es ist gleich. Du hälst dich an die Bürde der Schwerkraft. Aber sie kann dich nicht vor dem Universum retten. Es umschließt dich von oben. Und dann weißt du ,,there is no escaping ...", läßt es geschehen. Dann löst du die Materie auf, es ist ganz einfach, und übrig bleibt noch das Zeichen deiner Empfänglichkeit, das umspielt wird von den Energien, in die du jetzt übergegangen bist. The visitors.

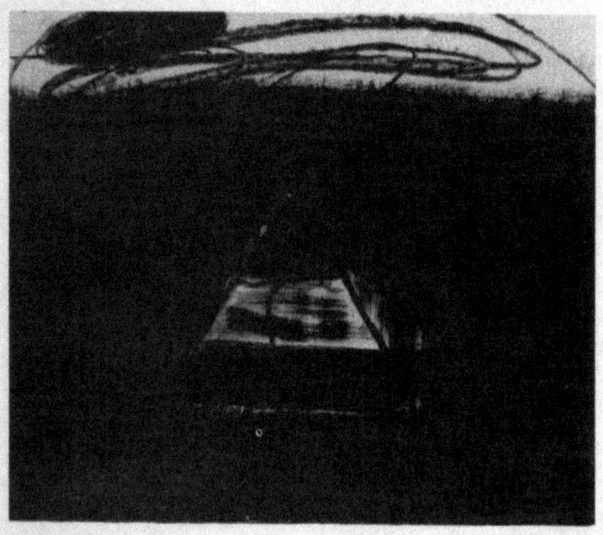

CHURCH OF ART – COA

Seit 1982 fand eine große Wandlung in den Bereichen der Popmusik sowie in der Kunst statt. Beides hat für uns den gleichen Stellenwert. Nachdem der Punk und die New Wave als die letzte Weisheit weiterentwickelt wurden, wurde es kultischer in der Pop-Musik und auch in der Kunst. Bands mit dem Namen The Lords of the New Church und Sisters of Mercy und dgl. entstanden. Inzwischen hat es sich auch in den Medien herumgesprochen, daß Pop die Religion des 20. Jahrhunderts ist.

Genau die richtige Zeit für eine COA! Beginnen wir zunächst mit der Betrachtung unseres Kulturkreises. Wir leben im sogenannten westlichen Kulturkreis mit dem vorherrschenden Verbreitungsgrad von Kulturgut in Form von Pop-Musik, überall, weltweit. Neben zeitweiligen asiatischen Einflüssen, die jedoch ohne Massenwirkung blieben, ist die vorherrschende Religion das Christentum. Die vorherrschende Bevölkerungsgruppe – die Normalen mit ihrer Lebensform, dem Normalen, mit ihren Lieblingsbeschäftigungen Unterhaltung, Träumen, Idealvorstellungen realisieren wollen und daran nahezu zu verzweifeln. Die augenblicklich häufigste Beschäftigung: Suchen. Die Situation könnte man so beschreiben: Elektronische Musik mit der damit parallel verlaufenden Erweiterung des Elektronikmarktes. Vereinzelung, Verunsicherung, Verlust an Glauben und Vertrauen . . . Orientierungslosigkeit? Der daraus entstehende Wunsch nach Zukünftigkeit und Erhaltung der Art. Trend: Rehabilitation von religiösem Glauben und der Wunsch nach einer glaubhaften „Lehre", die Hoffnung vermittelt und Aussicht auf die Zukunft bringt.

Die Geschichte der COA reicht zurück nach Berlin im Jahre 81. Der Stil der Normalen erscheint als einzig möglicher und bisher im Revival der Moden noch nicht vorgekommener. Keine naive Wiederholung der pink and grey fifties, sondern der unauffällige und doch bunte Stil, der einem Zugang verschafft zur Welt, die um uns rum besteht. Die Devise ist, erstmal JA sagen, weitergehen, nichts verurteilen, bewerten, positiv sein – glauben. Die Revolution im Stillen? Unsichtbare Mechanismen erkennen, denn was sichtbar ist, ist schon verfälscht und Vergangenheit. Nicht reaktiv, sondern aktiv sein. Suchen, erfinden, Wege sehen, wo keine sichtbar scheinen.

Pop. Pop ist Massenware und verbreitet in Nullkommanichts messages. Jeder kennt sie, jeder träumt davon und tanzt danach. Jeder überwindet immer wieder seine Alltagsgrenzen durch Musik. Und wer hat sich auf der Straße nicht schon mindestens einmal rumgedreht und sich gefragt, wie es wohl in dieser und in jener Szene aussehen würde. Oder wer hat schon nicht mal vor irgendwelchen Lokalitäten gestanden und keinen oder nur widerwillig Einlaß bekommen? Auch akustische Grenzen bestehen, man hört entweder hin oder weg. Manchmal ist es schwer wegzuhören, weil etwas zu aufdringlich oder zu präsent ist, um überhört zu werden. – So war es damals mit ABBA – überall; im Alltag und auch nachts.

In den Liedern von ABBA ist der Alltag verwandelt, wie bei Jesus sich Wasser in Wein verwandelt. In der Musik von ABBA setzt sich der Widerspruch zwischen Gut und Böse fort, zwischen Normal und Außergewöhnlich. Es wird nicht der Versuch einer Rechtfertigung unternommen, sondern eine Berichtigung vorgenommen. Normalität und Exzesse haben eine gleichwertige, unausbleibliche Berechtigung. Das Leben wird nach Gesetzmäßigkeiten gesehen, nicht nach gut oder schlecht. So finden wir in den Liedern von ABBA keine Urteile, was sie als Basis für eine Glaubenslehre geeignet erscheinen läßt. Das Spezielle steht immer in Relation zur Masse, von der es sich eben nur unterscheidet. Die Zeiten, wo die Masse auf das Spezielle reagierte, scheinen nunmehr vorbei. Das Spezielle, zu dem bisher auch immer die Kunst zählte, muß sich jetzt einem Massenprozeß fügen, beziehungsweise diesen für die Kunst vorwegnehmen — positive Utopien. Überbrückung statt Untergang! Für jedes Argument gibt es mindestens ein Gegenargument — These + Antithese. Man kann nicht mehr überzeugen. Überzeugung ist schon veraltet, sie führt zu nichts. Jetzt ist es an der Zeit zu glauben. Die Wahrheit ist erkennbar, dem Glaubenden kann man nichts vormachen. Nur ein Glaubender kann einer „Lehre" begegnen, sie aufnehmen und sie weiterentwickeln, in Richtung einer positiven Utopie.

Vor der COA entstand der Begriff der Church of Abba. ABBA als Grundlage, als Lehre. ABBA als Popgroup und als Begriff, waren und sind prophetisch und missionarisch. Die Lieder von ABBA und damit auch ABBA selbst sind verbreitet und werden von weiten Teilen der Menschheit geliebt. Während Außenseiter Pop-Groups (z.B.: The Residents) Coca Cola als Ideal bewundern und manchmal auch besingen, sind ABBA so gesehen identisch mit Coca Cola. Während Außenseiter über die Normalen (meist negativ, manchmal aber auch bewundernd, wie bei John Foxx „The Quiet Man") singen, sind ABBA selbst Normale. Abba sind die Avantgarde der Normalen. Sie haben ihnen seit Jahren Wege aufgezeigt, welche viele der Normalen heute beschreiten.
Abba wären der erste Teil einer erst zu erstellenden „Bibel" der COA.
Die Kunst kann das Außergewöhnliche mit dem Gewöhnlichen verbinden, weil sie den Überblick hat, denn sie steht immer außerhalb. Sie wird nicht gebraucht, sie muß sich in Gebrauch bringen, oder wird in Gebrauch gebracht. Im Zweifelsfall ist immer für die Kunst zu entscheiden und für ihre Freiheit. Religionsfreiheit und Kunstfreiheit sind identisch und müssen rechtlich gesichert sein. Das ist noch nicht überall so. Es ist

aber erklärtes Ziel der COA, in diesem Sinne missionarisch tätig zu werden. Dies ist vor allem in der letzten Phase dieses Jahrhunderts notwendig, damit der technische Fortschritt auch mit dem geistigen einher gehen kann. Die COA präsentiert sich immer im kompletten Environment, in dem Pop-Musik auch einen gleichwertigen Rang innehat. Keine einzelnen Kunstwerke sollen einzelne Betrachter überzeugen müssen, sondern der Kunstbetrachter soll sich in den Status eines Gläubigen versetzen und aus dieser Haltung heraus den Kunstwerken und dem inszenierten Raum oder einer Zermonie begegnen, ebenso wie ein Mensch nicht anderen Menschen begegnen kann mit dem Zwang zur Überzeugung. Auch vom anderen Menschen muß die Bereitschaft vorhanden sein, seinem Mitmenschen zu begegnen. In der Kunst soll das ähnlich werden. Kein überhebliches, akademisches Betrachten mehr, kein proletarisches Verachten von Kunst mehr, sondern der Wunsch nach Erleben. Die Bereitschaft, Zeit mit einem Kunstwerk zu verbringen, ähnlich wie das bei einem Musikstück oder einem Film oder eben der Begegnung zwischen Menschen so ist.

Mertens & Mertens 1984

Von der COA-Zeremonie ,,Anno Domini 1984'' gibt es eine Videodokumentation (VHS, 30 min.)
Produktion: ABC-Bildtechnik, Hamburg

ABBA, ODER DER VERSUCH ZU SEIN WIE GOTT

„Stelle Dir vor", – damit eine Geschichte zu beginnen, ist die schönste Art, eine Gesschichte zu beginnen.
„Es war einmal", ist zumindest ein schöner Anfang. Beide Anfänge befreien. Sie befreien von Raum und Zeit, von den unmittelbarsten Bedingungen meines Daseins. Ich soll vergessen, was vor oder hinter mir liegt, alles, was mein Sosein ausmacht.
Beide Sätze versetzen meine Vorstellung in den Zustand der Latenz, alles ist möglich. Nun kann eine Geschichte beginnen, deren Gesetze noch nicht gemacht sind, deren Regeln erst erfunden werden.
Die beiden Sätze konfrontieren mich mit dem Absoluten, das von allem losgelöst alle Freiheit in sich birgt, jedes Gesetz beinhaltet.
Was ist, was war und immer sein wird – was ewig ist, das muß aber auch jetzt sein.
Die beiden Anfänge, „stelle Dir vor" und „es war einmal", führen mich also zurück zu mir, zum Hier und Jetzt, und sie machen mir klar, daß – zumindest in meiner Vorstellung – alles möglich ist, alles, außer dem Unvorstellbaren. Und, mit dem ersten Satz, hat sich meine Vorstellung aufgemacht, dem Unvorstellbaren Land abzugewinnen.

Ein mögliches Synonym für das jenseits der Vorstellung ist Gott der Vater, ABBA im Hebräischen. Er umfaßt alles, was wir kennen, und, was ihn so anziehend macht, ist, daß er auch was wir nicht kennen zu umfassen scheint. Reizvoll ist es deshalb, gerade jenes Gebot zu brechen, das es verbietet, uns ein Bild von ihm zu machen.
Gerade er, der Gott, der für sich beansprucht, alles zu sein, verbietet sein Abbild? Welche Unverschämtheit und Hinterlist, könnte man sagen! Im Grunde hat er recht. Wir schaffen

Annäherungswerte, wir lokalisieren einige Punkte in seinem Gesicht und halten uns den Versuch seines Abbilds wie einen Spiegel vor. Denn wir wollen ihm ähnlich werden — um jeden Preis!

„Stelle Dir vor", das ist auch die Vorwegnahme der Zukunft, die Antizipation. Die Gleichzeitigkeit, die Allgegenwart, sie schließen die Kenntnis der Zukunft mit ein. Allein, wir ahnen diesen Zustand nur, wir tun so, als sei er greifbar für uns, fast spüren wir schon die Allmacht. — Es bleibt der Begriff, und Gott wird zum atemlosen Vorbild. In uns weht fade der Wind der Vergänglichkeit, und süßer fächelt er nur, geht es um Geld, Macht oder Liebe.

In dieser Wüste erscheint plötzlich eine Eselsbrücke vor uns wie eine Fata Morgana, ein Strohhalm zwischen dem Greifbaren und dem Unbegreiflichen, Bote zwischen Gott und dem Menschen! Wesentlich an ihnen ist, daß sie nahezu verkörpern, was wir ersehnen.

„Stelle Dir vor", ein jemand stünde dir gegenüber, der sei aus den allerselben Atomen gemacht wie du selbst bist; für dich sichtbar, weil er dieselben codes benutzt in der Materie wie du. Aber allein die Tatsache, daß er diese codes wählen kann, macht ihn dir überlegen.

Ein richtiger Tausendsassa!

Glauben wir Herrn Spielberg, so bringt seine Anwesenheit die Natur zum Schweigen, sie macht Maschinen klappern und erregt den instinktiven Unwillen der Ordnungskräfte. Nur die Kinder läßt sie zu sich kommen — und warum?! Soviel haben wir gelernt, bei den Kindern sind die codes noch flexibel, die Moleküle schweben noch freier und bindungsloser.

Stelle Dir vor, du begegnest jemandem, der dich befreit, ganz unmittelbar von deiner Vergangenheit, deiner Gegenwart und deiner Zukunft. Er würde einfach zu dir sprechen, und du hörst nicht nur, sondern deine Zellen würden zu Membranen und sie lauschten aufmerksam dem Gesang dieses Fremden, ach so anziehenden Wesens.

Klar, auch am nächsten Morgen würdest du den Verschluß deines schwarzen Aktenkoffers hörbar erlesen schnappen lassen, das Timbre in deiner Stimme hätte noch den gleichen, sonoren, überzeugenden Klang, doch es wäre nicht dasselbe wie zuvor, nein, es wäre nicht dasselbe wie zuvor.

Walter Gramming 1984

DIE ZUKUNFT GEHÖRT DEN NORMALEN –
Ein Popfeuilleton

Die Alternativszene wird immer uninteressanter, die Neo-Boheme ergeht sich in Reprisen vergangener Jahrzehnte, und die sogenannten Normalen beschäftigen sich mit Dingen, die ihnen niemand zugetraut hat. Sagt Künstler Görd Kaa, der seine Bilder zur Musik von Abba malt.

Herbst 1982. Ein Lied hält mich in Bann. Ich verfolge mit Interesse die Plazierungen der letzten Abba-Single ,,The Day Before You Came'' in der Hitparade, und ich stelle mit Bedauern fest, daß dieser Song nicht den Erfolg der meisten Abba-Lieder einheimst. Ich beschließe, eine persönliche Tat gegen die Krise des Abba-Imperiums zu setzen. Ich kleide mich unauffällig, eigentlich durchschnittlich, und schleiche mich auf Umwegen in eines jener Plattengeschäfte, die sich sonst nie durch meinen Besuch auszeichnen. Keiner meiner Bekannten soll wissen, daß ich mir eine Platte von Abba kaufe. Wenn du Abba magst, bist du in den Kreisen, in denen ich verkehre, ein Außenseiter. Ich habe Abba bis zu ,,The Day Before You Came'' selbst nicht gemocht. Sie kleiden sich wie der Durchschnitt: kein Nimbus, kein Garnichts. Daß sie pausenlos Nummer-Eins-Hits landen, spricht sowieso gegen Abba. Die Mehrheit möchte für dumm verkauft werden, habe ich gedacht. Banalität ist die Kunst der ,,Normalen''. Und jetzt erlebe ich mein persönliches Waterloo: ich feiere ,,The Day Before You Came'' als das Poplied schlechthin! Wie weit bin ich gesunken? Abba darf dir nicht gefallen, rede ich mir zu und entnehme meiner Geldbörse einen Fünfzigschillingschein. Hat auch wirklich niemand gesehen, was ich damit bezahlt habe?

„The Day Before You Came" handelt von Garnichts. Die Sängerin teilt mehr oder weniger mit, daß sich das Übliche ereignet. Ist sie Geschäftsfrau, Chefsekretärin oder Büroangestellte der einfachen Art? Nie werde ich erfahren, wer hinter diesem mysteriösen „Du" steckt. Ist es der Ehemann, der Hausfreund, der Vater oder ein Außerirdischer? Ich kann nicht einmal sagen, welche Stimmung dieses Lied transportiert. Es könnte Freude auf die Ankunft des mir unbekannt Bleibenden sein. Jetzt, da ich diesen Artikel schreibe, versinken draußen die Herbstblätter in der Dämmerung, vielleicht sind ein paar falsche Worte gefallen („Warum kann sie mich nicht lieben, wie ich es möcht'?" – Edek Bartz in „Mir geht's nicht gut"), und zwei, drei Minuten später denke ich, „The Day Before You Came" strotze von dickflüssiger Melancholie. Aber ist das bei einer Gruppe möglich, die dem Leben positiv gegenübersteht? In welch eindimensionale Denkschemata ich verfalle! Positiv, negativ, immer scheint nur eines der beiden möglich zu sein. Das Glück, der Schmerz, die Hoffnung, die Verzweiflung – warum sollte im nächsten Moment nicht das Gegenteil ebenso wahr sein? Ich reptilie mich doch nur durch die Hinterwelt der Gedanken, weil ich „The Day Before You Came" nicht über einen Leisten scheren kann. Ich will bloß sagen, daß alles möglich ist, daß auch alles offen bleiben kann. Nur wenn ich schreibe, dieses oder jenes Lied lasse alles offen, muß ich an die vielen Sätze denken, die zum Inhalt haben, daß dieses oder jenes Lied alles offen lasse. Es wurde so oft vom Geheimnis gesprochen, daß ich manchmal zweifle, ob Geheimnisse überhaupt existieren. Warum immer der Hang zum Besonderen, zum Außergewöhnlichen? Ich liebe überraschende Gedanken, aber sie sind vielleicht nur für mich überraschend. Wenn ich diese Einsicht weiterzugeben versuche, wird es platt oder mein Gegenüber lebt in einer anderen Welt. Heute ist immer die interessanteste Epoche aller Zeiten, und dann wiederum sehne ich mich nach Dauer. Hoffentlich mögen alle diese Moden der letzten Jahre den Weg alles Irdischen gehen, und hoffentlich beißt der vermeintliche Zeitgeist bald ins Gras.

Weihnachten 1982: kein Schnee draußen. Wann kommt endlich Adventsstimmung auf? Ich trage zwei Weihnachtskassetten mit mir herum und warte auf das Wetter, das mich auf diese Lieder einstimmt. Werde ich heuer das Versäumte nachholen können? Nicht einmal die „Christmas Record"-Platte von ZE-Records will ich auflegen. Aber ich beschließe, mir 1982 selbst ein Weihnachtsgeschenk zu machen. Ich gehe in ein Plattengeschäft in einem Wiener Außenbezirk und kaufe: „Abba — The Singles (The First Ten Years)". Bei Abba kannst du dich wenigstens drauf verlassen, daß ihre Platten rechtzeitig im Weihnachtsgeschäft erscheinen. Da sind noch Geschäftsleute vom alten Schlag am Werk, nicht so Holtri-Poltri-Oh-ja-wir-sind-doch-nur-Scheißkapitalisten. Endlich zieren mein Plattenregal alle jene Lieder, die ich in den letzten zehn Jahren versäumt habe, und — wie ich zu meiner Schande gestehen muß — die ich aus intellektueller Überheblichkeit versäumt habe. Natürlich sind diese Songs („Waterloo", „I Have a Dream", „The Winner Takes It All" undundund) an meine Gehörgänge durchgedrungen, aber ich habe verbissen versucht, meine Ohren nicht steif zu halten. Nur wenn ich einmal über den Durst getrunken hatte, dann konnte mich die Botschaft rühren, daß den Gewinnern alles gehört. Mir selbst hatte ich sowieso die Rolle des Loosers zugedacht. Ich habe mich oft schwer getan, auf die Butterseite des Lebens zu fallen. Glück? Warum ich?

Herbst 1983: ein Maler, Wohnort: Hamburg, sendet ein Manuskript an den Österreichischen Rundfunk „Ö-3-Musicbox". Der Untertitel verspricht eine Auseinandersetzung mit Abba („zu Abba-Art von Görd Kaa"), und der Titel ist eine Abba-Textruine: „Life can be ...". Ist Görd Kaa nicht überzeugt, daß das Leben funny, happy and sunny sein kann? Läßt er noch mehr offen als Abba?

Ich schlage das Büchlein auf, aber ich habe es eilig. Aber der nächste Termin soll sich verzögern, ich lese und lese. Zuerst traue ich meinen Augen nicht: das soll wirlich alles in den Liedern von Abba stecken!? Nein, junger Mann, halte dich an Tatsachen. Haben Abba nicht Meinungsforschung betrieben, um sich über den musikalischen und textlichen Geschmack des Volkes eine Meinung zu bilden, damit sie ihre Lieder besser auf den Massengeschmack abstimmen können? Oder ist das ein böses Gerücht aus der Branche, Rufmord, begangen von Neidern? Hab ich das nicht selbst von jemandem erfahren, der immer nur alles ungefähr weiß? Warum bin ich überhaupt bereit, diese Vermutung zu glauben? Warum sollte es nicht so sein, wie Görd Kaa behauptet, daß sich Abba als Medium der Außerirdischen gebrauchen lassen? Und überhaupt diese tolle Theorie über die Außerirdischen? Warum soll man die Beschäftigung mit UFOs und Begegnungen der unbekannten Art den Sensationsillustrierten überlassen? Meine Phantasie ist dermaßen schwer beeindruckt, daß ich an einem der nächsten Abende im Hof ein UFO landen höre, als ich stundenlang wachliege. Nehmen die Außerirdischen erstmals Kontakt zu mir auf? Bereiten sie mich auf breitere Kontakte vor? Ist das erst das Vorspiel?

„Wir wollen uns über Abba nicht lustig machen", sagt Sasa Merts, die das Manuskript gemeinsam mit Görd Kaa verfaßt hat, zu mir am Telefon. Und Görd Kaa steuert bei: „Wir sind von unseren Freunden und Bekannten verlacht worden, weil wir 1981 damit begonnen haben, Abba-Platten zu kaufen. Wir haben in Berlin gelebt, und damals feierte der deutsche Punk seine Hochblüte. Aber dieses „no future"-Ding kam uns damals schon überholt vor."

Wie wahr! Zeigen Sie, der Sie als Anonymus diesen Artikel lesen, mir den Menschen, der jahrelang mit der Einstellung leben kann, daß unsere Zukunft begrenzt sei. Alle leben sie noch, sofern sie nicht unbedacht die Straße überquert haben! War die „no future"-Parole nicht einfach nur ein Vehikel, um in einer kranken Kultur Kahlschlag zu betreiben? Warum soll nach dieser — oft auch gespielten — Endzeitstimmung nicht wieder etwas Neues entstehen? Görd Kaa glaubt an die Begegnungen mit Außerirdischen — im Sinne der Popkultur (vgl. Bowies „Ziggy Stardust" oder den Film „Der Mann, der vom Himmel fiel"). Die geheimen Botschaften der Außerirdischen in den Liedern von Abba — Görd Kaa und Sasa Merts sehen darin ein Spiel, „ein sehr ernsthaftes allerdings".

Wenn Sie sich heutzutage in diversen Redaktionsräumen umschauen, werden Sie vor allem Zyniker und Alkoholiker antreffen, die ein paar unbedarfte Sätze absondern, die zumindest verraten, daß alle diese Leute die Musik nicht mehr lieben. Oder nie geliebt haben. Es gibt kaum mehr Fans, die sich in die Welt ihrer Stars hineindenken und daraus ihr eigenes Universum bauen. Die Phantasie hat abgedankt. Überall werden einem Meinungen aufgedrängt. „Die Leute haben keine Stärke mehr, das Geheimnisvolle zu akzeptieren. Besonders groß ist die Intoleranz der Außenseiter, die von den sogenannten Normalen Toleranz fordern." (Görd Kaa)

Wie demokratisch sind hingegen Abba! Sie bedienen sich in ihren Liedern einer ganz direkten Sprache, die von den Menschen auf der ganzen Welt verstanden wird. In ihren Songs werden Sie nie irgendwelche Urteile oder direkte politische Statements finden. Ich verzichte in den meisten Passagen dieses Artikels darauf, die Gedanken von Kaa/Merts wiederzugeben. Sie lesen hier nicht die Kurzform eines anderen Manuskripts, ich erspare Ihnen keine Minute der Lektüre der Zeilen von Kaa/Merts. Dieses Popfeuilleton handelt, im Grunde genommen, von nichts — wie jedes gute Popfeuilleton. Wenn Sie also auch diesen Satz noch gelesen haben, können Sie sicher sein, gar nichts gelesen zu haben.

Alfred Hütter

(Abdruck aus „Express" — Dez. 83, Wien, mit freundlicher Genehmigung des Verlages)

DAS UNNORMALE IN DER NORMALITÄT –
Eine Bündnisstrategie

Die Entscheidung zwischen Lähmung und Kraft. Zwischen dem Geist der Defensive, der die Linken beschwört, Gefahren abzuwenden, die von überall dräuen – und dem Geist der Offensive, der mit Emotionen, im kulturpflegerischen Sinne unüberlegt aber lustvoll, auf fremdes Terrain vordringt (in die Popsendungen der Anstalten) und vielleicht immer wieder unüberlegte Dinge tut, die großen Ärger bringen können. Die offensive Bewegung gibt es längst (die Friedensbewegung, die ökologische Bewegung, Emanzipationsbewegungen, viele Bewegungen). Es wird Zeit, sich miteinander zu freuen, daß die aktuelle Bewegung nicht unter rechter, auch nicht recht eindeutig unter linker, sondern meist unter eigener Flagge segelt. Nehmen wir diese glückliche Fügung dankbar hin. Denn deutlich ist jetzt geworden, woran die rationalen Strategien der Linken krankten; an ihrer inneren Verwandtschaft mit der Taktik der preußischen Polizei.

Die Polizei ist seit der Aufklärungszeit „Organ der Gefahrenabwehr" (Drews-Wacke, Allgemeines Polizeirecht). Das preußische Allgemeine Landrecht von 1794 bestimmt: „Die nötigen Anstalten zur Abwendung der dem Publiko, oder einzelnen Mitgliedern desselben bevorstehende Gefahren zu treffen ist das Amt der Polizey." § 10 Teil II Titel 17 prALR gilt der Sache nach noch heute. Freilich wird das Amt der Gefahrabwehr, soweit es die Gefahren der Atomrüstung, der Kernkraftwerke und der Umweltzerstörung betrifft, von Linken wahrgenommen. Die entsprechenden Zentralorgane lassen es auch nicht an Tagesbefehlen und Kommandoerklärungen fehlen. Die Defensivstrategen können jedoch dem einzelnen nicht sagen, wie er offensiv und taktisch richtig Gefühle einsetzt, um etwas zu erobern, nämlich seinen Lebensbereich.

Man muß nämlich gar nichts gesagt kriegen, um den Mut und den Elan zu finden, sich zu holen, was man zum Überleben

braucht. Wer die Lähmung überwinden will, die ihm die Rolle des Opfers aufnötigt, die er spielen soll, damit andere ihn vor Gefahren beschützen, nimmt zweckmäßigerweise die Dinge selbst in die Hand. Er fühlt sich autark, macht sich unabhängig und schafft sich das eigene Biotop. Er läßt sich von Gefahrabwendern und von Fachleuten Dilettant schelten und vom Sachverständigen und Kulturverwaltern belehren, daß er als Künstler die Grenzen der Kunst zu achten habe.
Die für die Offensive erforderliche Energie findet sich für den, der seine Gefühle trainiert hat und sich beispielsweise darin auskennt, wie man sich im Netz eines internationalen Wärmestroms einspeist.

... Energiedepots in der feindlichen Etappe aufspüren ...

Die Erfahrungen des außer-dem-Selbst-sein finden nicht im vorgeschriebenen Medium statt. Wer das Außermusikalische in der Musik hört, dem ist das Dilettantische im Professionellen, das Heidnische im Christentum und das Unnormale in der Normalität zugänglich.
Nicht das Professionelle, sondern das Leben in der Malerei, in der Kunst, in der Musik müssen beschrieben werden. „Musik und Leben" heißt vielversprechend der Untertitel des von Diedrich Diederichsen herausgegebenen Buchs „Staccato" (bei Kübler Akselrad, Heidelberg 1982). Das Offensivkonzept hat längst die ideologische Schlachtordnung aufgegeben, darum gibt es „nette Aussichten in den Schützengräben der Nebenkriegsschauplätze", denn Diederichsen weiß in seinem zentralen Aufsatz fast allzu explizit für seine Strategie, Freund und Feind zu unterscheiden, Lüge und Wahrheit. Vom Diederichsen-Aufsatz „über Freund und Feind, Lüge und Wahrheit und andere Kämpfe an der Pop-Front" (a.a.O., S. 65ff.) ist hier zu berichten. Nachdem die Beschlüsse der zuständigen Zentralkomitees ihre Verbindlichkeit verloren haben, gibt offenbar die Musikästhetik die lebenswichtigen Informationen

— für den Einzelkämpfer. Die außerkulturelle Strategie ist die der **Alien-Cultur** (Genesis P. Orridge von Throbbing Gristle): ein Unterwandern, Einsickern in das Normale, Alltägliche, das nichts mit einem blauäugigen Marsch durch die Institutionen gemein hat. „Die Maske der Normalität, von einem avancierten, wissenden Kopf getragen, nicht um sich zu verstecken, sondern ‚um mittendrin zu stecken', ist die verwirrende Taktik der Okkupation offizieller Meinungsinstanzen".

D.D., 26, hat kurze Haare und trägt einen Anzug, weißes Hemd und Schlips. Kein button. Keine sozialen, weltanschaulichen Identifizierungsmerkmale. Das brüskiert den auf solchen Zeichen angewiesenen Großstadtbürger ebenso wie den eindimensionalen Hippie. Taktik also: „Nicht nur Nutzung der von der Jugendkultur als Verständigung entwickelten Ästhetik, sondern Virtuosität in, durch keinerlei Anspruch exponierten, normalen Formen." Der nackte Schlager, wie ihn etwa noch Abba schrieben, ist „eine vom Gegner nicht lokalisierbare Bastion ästhetischer Kriegsführung".

Der Gefühlstaktiker in der Etappe des Gegners gibt sich frisch und offen; selbstverständlich offenbart er seine Gefühle nicht — gleich dem „Eindringling vom anderen Stern, der sich trotz seines um Galaxien anderen Bewußtseins hinter einer Menschenmaske verbirgt und so ohne Angriffsflächen bleibt."

Wer so denkt und handelt, glaubt an die Machbarkeit der Dinge und verficht das Künstliche. „Der Alien Rebel zirkelt seine jeweils angenommene Identität ab, gibt ihr die Grenzen, die sein jeweiliges Aufgabenfeld verlangt, (...) um seine Energie als Bombenladung gezielt anzubringen, bevor er in einen anderen Anzug schlüpft, ein anderes System von Sinnzuweisungen als Kampfplatz erwählt".

Das geborene Opfer ist für Diederichsen der Hippie und dessen Suche nach Natürlichem und Echtem, die „ihn zum ewigen Verlierer macht. In seiner wallenden, alle Konturen verbergenden, alle Entschiedenheit des Körpers aufhebenden Kleidung lebt er in der Sehnsucht nach einem ozeanischen Selbstverlust, im feuchtwarmen Uterus der Szene oder noch konkreter in Encounter-, Selbsterfahrungs-, Religions-, Sekten-Klüngeln, die expressiv verbis die Aufgabe des Ego verlangen."

Der Alien Rebel schlüpft selbstredend auch in die Haut des Hippie, der mittlerweile wie alles Unangepaßte bürgerliche Normalreaktion geworden ist (Peter Maffey auf Konzerttournee). Wie die Galaxien wechselt der Alien die Medien. Sucht man ihn in der Therapie, sitzt er schon vor Gericht oder im Kino oder vor dem Plattenspieler, die Genesis der Abbas erahnend.

Aufgetan hat er sie im Spiel, Identitäten zu wechseln. Abba als die Topvertretung dessen, was als normal und deshalb für Szenen unzugänglich gilt, wird durch Identitätswechsel erobert; die Normalität wird als Form entdeckt, in der das Unnormale überlebt hat und jederzeit wiederaktiviert werden kann: Als Kunstobjekt und Forschungsobjekt im Bereich der Kunst, deren Themen andere Wurzeln haben als sogenannte Trivialmusik. Görd Kaa und Sasa Merts haben während ihres Experiments keine Angst vor dem Kitsch gehabt, den man — selbst dem Klischee folgend — mit Abba verbindet, ebensowenig vor den freigesetzten Gefühlen, denen sie, wie dem Gefühlstaktiker eigen, ebenso wie der Identität, die Grenzen gegeben haben, „die sein jeweiliges Aufgabenfeld verlangt". Anfangs schien sich das Projekt in der Etappe des Gegners zu befinden, auf fremdem Terrain, doch im Lauf der Zeit gaben die beiden ihr Ziel auf, oder besser die Begriffsbestimmung des Fremden (des Gegners), um ganz in der adaptierten positivon Botschaft aufzugehen. So wurde aus dem Eroberungsfeldzug eine erfreuliche Tournee als Gast in einem selbstgewählten „tropical loveland".

Hier liegt die Grenze zwischen Lähmung und Kraft. Zwischen dem Defaitismus der alten und neuen Linken und der Offensive: dem Optimismus eines neuen Zeitgeistes, dessen Strategie die des Aneignens und Inbesitznehmens ist — und nicht mehr die der immer verzweifelter werdenden **Abwehr** gegen anrollende Angriffe von rechts. Die alten Abwehrstrategien können heute durch einen neuen und vitalen **Elan** abgelöst werden, der die Grenzen nicht mehr achtet, lustvoll in fremdes Terretorium, in fremde (Pop)Kulturen und ferne Galaxien vordringt und durch immer neue Perspektiven das fremde Lager in Verwirrung bringt. Ende des Schützengrabenkrieges!

Zur Beweglichkeit der transitorischen Avantgarde gehört auch der Vertrieb im unkontrollierten kleinen Grenzverkehr. Die Marginalien sind, des Zentrums ledig, einander nah, und wer sich schreibend auf die transitorischen Prozesse einlassen will, beschreibt die eigene Nähe. Das könnte einen Scene-promotion-Artikel geben, sagen wir für die Künstler, die den Abbas nahe sind. So sieht es vielleicht aus für den, der repräsentativ vom Zentrum des Kunst-, Kultur- und Musikgeschäfts denkt. Korrekt ist jedoch allein die Beobachtung, daß der, der über Abbakunst schreibt, sein privates Einverständnis öffentlich macht und die neue Trans-Ästhetik affirmiert. Das gibt unerhörte Freiheiten, dem zu beschreibenden Prozeß so nah zu kommen, wie es eh das Ziel jedes Forschers ist. Hätte ich gleich von vornherein mit dem Begriff der Transavantgarde und der affirmativen Ästhetik operiert und mich auf Olivia und Lyotard bezogen; auf ein Zentrum akademischer Argumentation, hätte ich die Nähe zu den Abbas durch die Nähe zu forschenden und lehrenden Kulturarbeitern ersetzt. Und flugs ist man in einer zentralen Diskussion; der souveräne Theoretiker definiert seine Zuständigkeiten, grenzt aus und ein, klärt den Begriff der Avantgarde, der Kunst und Nichtkunst, der Kultur, des Showgeschäfts, der Mode. Die kritische Distanz plädiert für Ordnung und reduziert das bunte Treiben auf Subsumtionsfähiges, Bekanntes, Innovatives. Die Kategorien versagen jedoch vor einer Beweglichkeit, die ihre Redunanz aus allen Lebensbereichen bezieht, stets auf Transit ist und weder hier noch da einen festen Wohnsitz nimmt. Der zentralen Herrschaft entzieht das Transitorische sich durch einen Prozeß gleichzeitiger Simulation und Dissimulation. Die Transavantgarde kostümiert sich als Arrieregarde, als Elite und als Pop-Konsument. Wenn ich den Begriff Transavantgarde gebrauche, da er einmal eingeführt ist, dann in der Fülle seiner Ambivalenz, als **Fake**.

Die Fakebewegung (oder wie man sie auch heißen mag) führt vor, wie man sich der Erfassung entzieht; den Funktionären der Behörden, der Polizei, aber auch der Kulturarbeit und insbesondere den leitenden Angestellten unserer Theorien und Dogmen, ob nun der ästhetischen oder der gesellschaftlichen Art. Wenn man schon von Kunst reden möchte, dann von einer begrifflich freilich nicht faßbaren Lebenskunst: der Kunst, durch den fröhlichen, aber verantwortungslosen Gebrauch dieser unserer ästhetisch-gesellschaftlichen Einrichtungen sich eben letzteren zu entziehen. Für den, der sich in der Bewegungskunst übt, gilt weder oben noch unten, weder rechts noch links. Da er das Vorhandene nutzt und es soweit affirmiert, braucht er nichts zu hinterfragen. Die Transavantgarde läßt auf der Platzmitte die Kulturarbeiter stehen, die zwar die Kultur hinterfragt haben, aber nicht das, für das sie stehen soll. Die Funktionäre, die die Kultur funktionalisiert haben, nicht aber so etwas, wie den gesellschaftlichen Fortschritt, werden für die transitorische Bewegung, deren Kunst die Schritte zur Seite sind, zur zentralen Größe, mit der sich nicht operieren läßt.

Die Kulturarbeiter müßten zugeben können, daß man nicht erst begriffliche Krücken braucht, um im Gegenstand der pädagogischen Bemühungen nicht ein zentrales System, sondern ein dezentrales menschliches Wesen zu entdecken. Wer Angst vor Kitsch und Klischees hat, mag sich an den termini der poetischen (und sonstigen) Anthropologie festhalten oder an denen der italienischen Transavantgarde. Ersatzzentralen wären dann Heißenbüttel und Kamper[1] und Olivia[2]. Doch

die Angst der Kulturarbeiter wird so schnell dem neuen Mut
nicht weichen, es ist eine alte Angst, die Kulturarbeiter waren
selbst kulturell bearbeitet worden, und die Angst, die sie dem
anthropologischen Arbeitsmaterial unterstellen, ist womöglich die eigene, eine Gegenübertragung.
Niemand schreibt dem Kulturarbeiter vor, es dem Therapeuten gleichzutun, dem die Distanz zum Probanden zentrales
Gebot ist. Den neuen Mut der transitorischen Beweglichkeit
zu finden, fordert zunächst den Schritt des Kulturpädagogen,
Distanz aufzugeben oder doch zu verringern, – die ihm vom
zentralen Konzept zugewiesene Stellung zu verlassen und die
Wärme und Nähe von etwas zu suchen, das dann freilich nicht
mehr Gegenstand ist, sondern Teil seines Selbst geworden ist.
Der Vitalitätsstrom mag dann fließen. Er ist darauf angewiesen, daß Energie eingespeist wird. Nützt der Kulturarbeiter
die günstige taktische Position, die er eingenommen hat, kann
er, statt zu bremsen und zu kanalisieren, Energien vervielfachen, bündeln und ihnen freien Lauf lassen. Denn häufig
genug sitzt er selbst, dezentralisiert, an den Rändern von Plätzen und Märkten, in Stadtteilen und Subkulturen, losgelöst
(zwar nicht von der Arbeit, aber) vom zentralen metaphysischen, administrativen, ästhetischen, kulturellen System. Wie
die anthropologische Lebens-Kunst-Arbeit aussehen kann,
kann man am Beispiel der Abbaforscher sehen. Sie schlüpften
zu Anfang ihres Projekts in andere Identitäten, auch äußerlich.
In der Hochzeit von Punk und Neonstil vollzogen sie eine
Kursänderung und suchten Zugang zu den Territorien der sogenannten normalen Bürger. Mit dem Punkoutfit war da gar
nichts zu machen, die äußeren Signale, rasierte Haare und
schwarze Lederkluft, mußten geändert werden. Die Haare
wuchsen, die Kosmetikindustrie wurde bemüht, der Lodenmantel in edelgrau mit Samtbesatz und die Freizeitjeans für
den Herrn hervorgeholt. So ausgerüstet war es möglich, in die
Plätze der Normalen hinein zu kommen, und andere blieben
draußen. Und so hatten sie Teil an den Wochenenden der No-

bodies, unerkannt, staunend und bald erfreut von der Vielfalt der Normalen und vor allem — ihrer Aufgeschlossenheit Ideen gegenüber, die von Leuten vorgetragen werden, die ihre Signale benutzen. Die erste Etappe war erfolgreich und wurde bald erweitert auf ein Wohnexperiment in einer mit bunten Tapetenmustern ausgestatteten Wohnung. Drei Monate hielten es die Künstler durch, von den Nachbarn als ihresgleichen akzeptiert, bis doch die deprimierende Seite dieses braunorangenen Lebensstils durchschlug und unabwendbar wurde. Als dann endlich Wände umgelegt waren und die verbleibenden Flächen hell gestrichen, vergaßen die Nachbarn doch das Grüßen. Diese Etappe war nur als Erfahrung interessant, aber wenig erfolgreich, sie war die negative Seite der Normalität, das statische, „with no romance...". Ein schreckliches, nicht ganz ungefährliches Experiment.

Mir liegt sehr daran herauszubringen, daß der Aufbruch zum Transit von jedem Punkt aus möglich ist. Keineswegs bedarf es einer extremen Situation, um im Ungewissen des Unterwegsseins Identität zu erfahren. In jedem Moment, auch dem alltäglichsten, ist die Abfahrt möglich: zum Gleiten (Bataille, Genet), Segeln (Bertolluci[3]), Driften (Olivia).

Darum verläßt der Kulturarbeiter, der seine Arbeit nicht zur Organisation verkümmern lassen will, die sich're Alpenfestung, in der die Theorien, Ideologien, Dogmen und Strukturen ihre Zuflucht genommen haben, und eilt in die Ränder der großen Zentrale, das sind natürlich die Küsten, von denen aus sichs gleiten, segeln, driften läßt. Die Bewegungsart setzt Wagemut voraus, weil das Reiseziel der Transavantgarde nicht bestimmt werden kann und schließlich gleichgültig bleibt. Der reisende Kulturvertreter hat hoffentlich genug Abenteuerlust, um gleichmütig zu werden angesichts dessen, was ihn wieder an Land erwartet, etwa das Lernziel.

Die Kulturarbeit könnte der Transavantgarde den Mut abgucken, die Dinge zu handhaben (was ein affirmatives Verhältnis zum Werkzeug voraussetzt), statt sie auf einen Wert für irgendein System zu reduzieren (zu hinterfragen, zu kritisieren). Die Handhabung — zum eigenen, privaten Nutzen — entkleidet die vielen schönen Dinge freilich ihrer sozialen Bedeutung: Die Lebenskunst ist asozial, die poetische Anthropologie vermutlich auch, für die Transavantgarde hat Olivia dies ausdrücklich gesagt: „Die Kunst ist, per definitionem, eine asoziale Praxis."

Dietrich Kuhlbrodt 1983/84

1) Jörg Richard hat auf die Weichenstellung aufmerksam gemacht, in: Einführung in die Kulturarbeit, Regensburg 1984, S. 7.
2) Olivia, La Trans-avangardia Italiana, Mailand 1980, deutsch: Die Italienische Transavantgarde, in: Im Labyrinth der Kunst, Berlin (Merve) 1982, S. 54 ff.
3) Schlüsselwort im Film „Die Tragödie eines lächerlichen Mannes".

I DON'T CARE WHAT COMES TOMORROW ...
Eine Art Nachwort

Auszüge aus einem
Zwiegespräch zwischen Mertens & Mertens, Görd Kaa und Sasa Merts
in Hamburg, am Hafen im Restaurant an der Überseebrücke, 14.4.84.
Es gab Haifischsteaks und natürlich MM-Sekt,
Hintergrundmusik: Abba.

Mertens & Mertens (MM): Wo seid ihr jetzt nach dieser Reise — a trip through space and time?

Sasa Merts (SM): Zeit vergeht, aber wir ändern uns nicht, immer noch folgen wir dieser fremden Melodie.

MM: We're all following a strange melody — doch inzwischen wohl vertraut, normal?

Görd Kaa (GK): Der Witz ist, daß die Geschichte mit Außerirdischen beginnt und mit Normalen endet, oder zumindest dahin führt.

SM: Jetzt wissen wir, wo wir die UFOnauten finden.

MM: Sie sind also mitten unter uns?

GK: Der seismographische Geist hat einen folgenschweren Zufall ergriffen.

SM: Musik ergreift uns, Gefühle veranlassen uns zu den unklügsten Dingen.

MM: Eine Mission zu entdecken, heißt gleichzeitig eine andere zu übernehmen, wie sieht die aus?

GK: Wir folgen, warum nicht, alles ist neu. Das alte Abenteuer ist nicht das alte Abenteuer. Vergessen wir die Vergangenheit, sehen wir in die Zukunft.

SM: Nicht nur die kulturelle Erscheinungsform als Spielball der eigenen Fantasie, sondern die eigene Existenz als goldene Kugel im Glücksrad. Die Aufgabe ernst nehmen, sich nirgends fest zu installieren.

GK: Das Spiel der Verwandlung so weit treiben, bis es gefährlich wird, aber weitergehen.

MM: Unfaßbar sein?

SM: Eher entdecken, daß das Leben immer noch woanders sein kann, nie begnügen, die eigene Station umkreisen wie einen fremden Stützpunkt.

MM: Do I hear, what I think I see?

GK: Genau, der Blick in die Zukunft ist schon die ideale Fälschung der Gegenwart. Das Neue liegt immer vorn, das Wichtige liegt immer vor dir.

SM: Now is all we get. Folgen wir dieser fremden Melodie, begrüßen wir das Fremde, das Dunkle. Sub luna sultamus!

MM: Das Dunkle ist jedenfalls normal, normal ist, was Masse ist. Doch auch das Normale will vom Normalen unterschieden werden.

GK: Sich lenken lassen von einem System ist jedenfalls auch normal.

SM: Mutieren heißt, etwas systematisch zu erfahren, die Funktionsweise eines Systems auf unsystematische, nämlich spontane Art und Weise zu erleben.

GK: Und dabei wird das System heimlich annulliert.

MM: Auf jeden Fall heben sich mindestens zwei Systeme gegenseitig auf.

SM: Das Morgige im heutigen System ist das Gestrige im cosmischen Maßstab.

MM: Es gibt also keine Zukunft?

SM: I don't care ...

GK: ... what comes tomorrow ...

MM: We can face it together, the way old friends do.

PERSONALIEN

Dietrich Kuhlbrodt, 51, Dr. jur., Beamter, Kulturkritiker, 1984 Kunsthochschullehrauftrag, Zusammenarbeit mit der Musik- und Performance-Gruppe Tödliche Doris, verschiedene Rollen in Filmen von Vlado Kristl, Ulrich Stein, Rüdiger Daniel, Reinhard von der Marwitz und Muscha sowie in Hamburger Gerichtssälen; zuletzt in einer Doppelrolle in der von Oliver Hirschbiegel und Diedrich Diedrichsen redigierten Erstausgabe des Fernsehunterhaltungsmagazins Schön Ist Die Welt.

Walter Gramming, geb. 52 in einem kleinen Ort in Mittelfranken. Autor, Video-Pionier, Maler, Skulpteur, Regisseur, Schauspieler und fünftes Mitglied der Berliner Musikgruppe La Loora.

Görd Kaa, geb. 53 in Wien
Sasa Merts, geb. 57 in Solingen

Mertens & Mertens, gegründet 1980 in Berlin. Keimzelle und Management von Görd Kaa und Sasa Merts. Multimediale Produkte: Video, Toncassetten, Bilder, Künstlerbücher. Initiatoren und Organisation von X-Stars, seit 83 in Hamburg stationiert, ab Ende 84 on „a world art tournee".

Die Gruppe

Agnetha Åse Fältskog, geb. 5.4.50 in Jönköping/Südschweden
Björn Christian Ulvaeus, geb. 25.4.45 in Göteborg
Benny Göran Bror Andersson, geb. 16.12.46 in Stockholm
Anni-Frid Synni Lyngstad, geb. 15.11.45 in der Nähe von Narvik/Norwegen

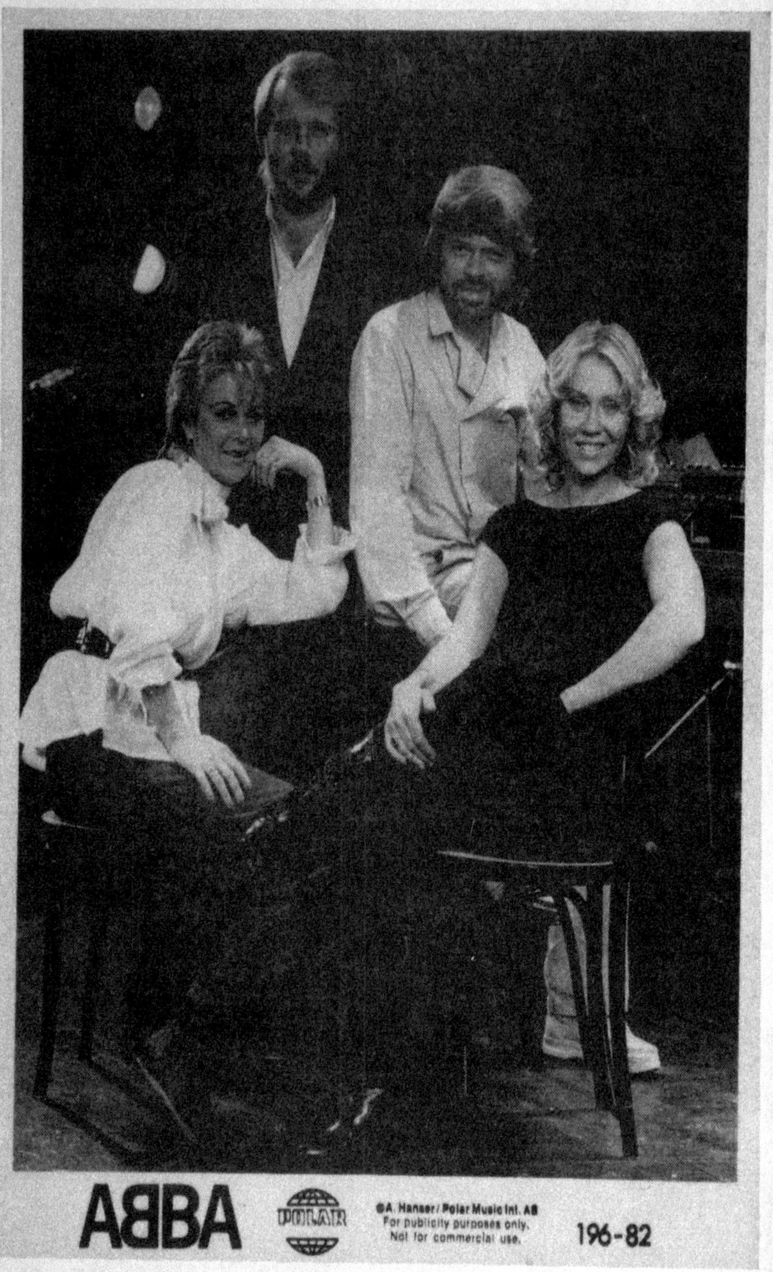
ABBA
POLAR
©A. Hanser / Polar Music Int. AB
For publicity purposes only.
Not for commercial use.
196-82

ABBA – Thank you for beeing an Inspiration
and of course, thank you for the music!